Recetario hebreo

Almudena Villegas Becerril

Recetario Hebreo

ALMUZARA

Primera edición: febrero de 2023

Editorial Almuzara - Colección Gastronomía
Director editorial: Antonio Cuesta
Editora: Rosa García Perea
Maquetación: Miguel Andréu

www.editorialalmuzara.com
pedidos@almuzaralibros.com - info@almuzaralibros.com

Editorial Almuzara
Parque Logístico de Córdoba. Ctra. Palma del Río, km 4
C/8, Nave L2, nº 3. 14005 - Córdoba

Imprime: Imprenta Mundo
ISBN: 978-84-11312-68-4
Depósito legal: CO-1992-2022
Hecho e impreso en España - *Made and printed in Spain*

Índice

Introducción

Este libro ha nacido como hermano pequeño de la investigación que dio lugar a la obra: *La cocina hebrea. Historia de la alimentación del pueblo judío en la Biblia.* Sin embargo, el interés que desprendían las páginas sagradas por la alimentación, y el desarrollo de un auténtico recetario, ha adquirido vida propia. Ha sido un proceso lento y hermoso ir comprobando cómo la cantidad de indicaciones que fueron surgiendo al escribir el primer volumen terminaron conformando el actual, hasta adquirir carácter por sí mismo con tal intensidad que apenas ha necesitado unas pinceladas para perfilarse.

Entre sus páginas no encontrará un compendio de la cocina o el recetario del antiguo Israel, una labor que sería francamente complicada. El trabajo que se presenta es fruto de algo mucho más sencillo, y que ha consistido en una labor, eso sí meticulosa, de localizar y recuperar las recetas bíblicas en primer lugar. Muchas han ido surgiendo a lo largo del análisis de los textos, para otras ha sido necesario realizar estudios paralelos en culturas contemporáneas, así que cada una de las recetas ha presentado innumerables (y peculiares) dificultades, y en la medida de lo posible se acercan bastante a los posibles originales.

Además, se ha tratado de preservar los ejes fundamentales de ese testimonio histórico y, sobre todo, el espíritu que explica el cómo y el porqué. Y como ocurre con todas las recetas que fundamentan el patrimonio histórico de carácter alimentario, a través de ellas encontraremos la expresión del territorio, la exposición de una cultura, el progreso material que se fue alcanzando y el reflejo de una sociedad en distintas fases históricas. Muchas de las recetas son de una sencillez extraordinaria, lo que refleja una cultura elemental y una vida con pocas complicaciones. Todas ellas utilizan productos de la zona, citados por la Biblia en algún momento o que sabemos fehacientemente que se usaban.

El primer conflicto que encontramos es que, desde luego, en la Biblia no hallaremos recetas como tales. No hay instrucciones de cocina. A veces, en los mejores casos, es posible encontrar algunas indicaciones, y en otros momentos los ingredientes de algún plato. Ocasionalmente hay pistas claras sobre los sabores preferidos, entre los que destaca el dulce sobre los demás, y siempre pierde el amargo. En realidad, es necesario haber analizado detalladamente los textos sagrados, la historia de Oriente Medio en esa época y los hallazgos arqueológicos para entender cómo podía ser la alimentación del mundo israelita previo al s. I a. C.

Por tanto, este trabajo no es fruto del azar de encontrar algunas pistas aisladas, sino de la paciente labor de localizar ingredientes, técnicas e instrumentos en esta cultura y su entorno, de haber apoyado este trabajo con el estudio de las posibilidades y de proporcionarles la estructura necesaria para que ese maremágnum de pistas adquiera un formato de receta. Que hoy gusten o no a la hora de la mesa es un asunto diferente, pero seguro que nos ayudarán a comprender el mundo bíblico y la sencillez de sus alimentos, reflejo de una sociedad seminómada y, cómo no, la profundidad de su pensamiento. En muchas ocasiones, algunas de los rastros encontrados solo son indicios, quizás la sencilla mención a un plato, pero algunos son tan evidentes como las rojas lentejas de Esaú, o los distintos tipos de pan que encontraremos en su recorrido.

Iremos viendo la historia reflejada en algunos pocos platos, con preguntas clave como: ¿qué platos pudieron formar parte de los banquetes del rey Salomón? o ¿cómo se elaboraban las tortas de pan que se destinaban a las ofrendas del Templo? Hablaremos también de una de las combinaciones más sencillas y primitivas de productos que dan como resultado el pan. De la simplicidad de los panes de harina y agua, flexibles y duraderos, sencillos de hacer, económicos y de fácil elaboración. Panes factibles de preparar incluso con escasos instrumentos y útiles. Además, encontraremos algunas recetas de repostería basadas en los endulzantes de la época y cuyos ingredientes principales serán una buena harina, miel y frutas deshidratadas. Hay platos increíbles como la adafina, cuya receta final es de época posterior, pero que refleja un primer y antiquísimo guiso de garbanzos más primitivo. También observamos en sus ingredientes el estilo de vida mediterráneo, ya que la hebrea presenta una base alimentaria de productos como cereales, legumbres y hortalizas; y esporádicamente algún que otro trozo de buena carne. La dieta se complementa con pescados y fruta de temporada o deshidratada, y pasteles en días de fiesta.

Observaremos a lo largo del recetario el espíritu devoto y prendido a la tierra, a la fe y a la tradición, con la presencia constante de diferentes panes en todas las comidas. O mejor aún, de las comidas expresadas a través del pan: el pan como alivio de las penas, como alimento por excelencia, como producto necesario para la supervivencia. Como dice el libro del Eclesiastés:

> *Anda y come tu pan con alegría, y bebe tu vino con buen corazón, que YWHW ya se ha complacido en tus obras* (*Ecl.*, 9, 7).

Pues bien, ese pan es el que continúa siendo una metáfora en el Mediterráneo, es el auténtico culmen de los símbolos en los que se concentra una auténtica encrucijada de aspectos que van desde lo místico hasta lo nutritivo, desde lo agrícola hasta lo culinario, desde lo imprescindible para la vida hasta el placer que proporciona la abundancia.

Criadas en el Mediterráneo, asistiremos al nacimiento de las *komidikas sefardíes*. Y aunque la dieta esté basada en elementos vegetales, observaremos la presencia de carnes siempre bien sacrificadas y perfectamente desangradas, pero en cualquier caso con un inconfundible aroma del medio Oriente.

Como ocurre en el caso del pan veremos a lo largo de estas páginas innumerables alimentos, platos y recetas cargados de significado. Nada es casual. Un sistema alimentario así es complejo porque en él todo significa algo, no hay casualidades, todo está regido, organizado y ocupa un lugar singular en el microcosmos de las comidas. Y si uno elige ser debe cumplir el estar; es decir, para ser un buen judío no se entiende la identidad sin la práctica de los hábitos. Y entre ellos, en especial, los de carácter alimentario. Por eso este recetario no es un recetario corriente. Aunque tenga recetas.

Y la cuestión es que son recetas que adquieren todo su sentido en un contexto porque recuerdan, reproducen o exaltan momentos vividos por una cultura desde hace varios miles de años. Y porque la norma alimentaria se sigue cumpliendo, rememorando así en cada comida y con cada alimento el significado de una forma de entender la vida. No son recetas banales, oportunistas o casuales, son exactamente las recetas necesarias para vivir y gozar de la comida cumpliendo la ley de Moisés. Ese fue su origen, ese es su significado y es exactamente es su sentido.

Cocineros, protagonistas de los fogones

Los textos sagrados están repletos de referencias a comidas, a productos y a personas. Personas que comen, personas sagradas, alimentos con significado, ofrendas de alimentos y también gente cocinando. Algunos son profesionales, como vemos en los libros en los que se describen cortes reales o servicios religiosos. Otros son sencillamente personas que cocinan, porque se ven en la necesidad de comer o bien porque es su rol dentro del grupo familiar. Desde luego, el de la cocina no era necesariamente un papel femenino, como vemos por ejemplo en la comida que preparó Jacob a su padre, o en los numerosos casos en los que los propios sacerdotes o los servidores del templo preparan los platos.

Es decir, no siempre había cocineros profesionales, estrictamente hablando. Desde luego que había alguien ocupado de cocinar, pero no en todos los casos, y se consideraba que era fácil preparar una comida. Bueno, preparar una comida sencilla sí podría ser algo fácil, y desde luego, en muchas ocasiones las comidas eran elaboraciones simples que cualquier persona mínimamente hábil podía ejecutar.

El libro de Samuel refleja los acontecimientos previos a la unción de Saul como rey, señalando que un posible rey tomaría a las hijas de los israelitas como sirvientas;

> *A vuestras hijas las tomará como perfumistas, panaderas y cocineras* (*1Sam.*, 8, 13).

Este mismo libro narra el encuentro entre Samuel y Saul, tras el cual, el profeta invitó al futuro rey a una cena. En aquella mesa había treinta personas, además de cocineros para elaborar los menús. Incluso Samuel tiene un diálogo con el cocinero en el que se percibe que han diseñado conjuntamente el menú, en el que se detallan los ingredientes y los productos, dejando dos piezas, probablemente de cordero (pierna y rabo) para un invitado singular que era el futuro rey de los israelitas, Saul (*1Sam.*, 9, 23). Aquel era un entorno de banquete sacrificial que se correspondía con manjares concretos y probablemente con ritos y preparaciones determinadas, diferentes a otros tipos de banquetes de corte, por ejemplo, y cuyos preparativos los organizaba un cocinero profesional y varón; es decir, la cocina no era una profesión diferenciada por sexo. Encontramos tanto a hombres como a mujeres guisando, con excepción del caso de ofrendas o ceremonias religiosas, que solamente se permitía realizar a los varones.

En cualquier caso, observamos dos tipos de cocina diferenciadas:

- Una privilegiada, festiva y vinculada con el poder. Probablemente de mejor calidad, más abundancia de alimentos y exquisita presentación, realizada con buena materia prima y por manos de cocineros profesionales. Elaborada en unas cocinas bien equipadas, con buenos instrumentos y útiles y, sobre todo, con expertos cocineros capaces de satisfacer las demandas de mayor calidad de las élites israelitas.

- Por otro lado, tenemos una cocina sencilla, diaria, a veces hasta de supervivencia, en la que intervenían tanto mujeres como hombres, y de la que cualquiera se podía hacer cargo por lo sencillo de la dieta cotidiana. Era una dieta basada principalmente en la elaboración de tortitas de cereal y panes, que parece ser de competencia femenina exclusivamente, pero también de guisos y estofados.

Muchas de las elaboraciones parecen realizadas en fogones portátiles o fuegos ocasionales, quizás con uso de herramientas transportables como las trébedes. Otros son claramente estructuras fijas y estables, capaces de soportar grandes pesos, como los calderos para la cocción de la carne que se preparaba en la puerta de los templos. La cocina para colectividades era más compleja y requería más experiencia, razón por la que esta era precisamente la que tenía un carácter más profesional. Mientras, la doméstica y humilde de la vida cotidiana se elaboraba más sencillamente, y solamente requería unas pocas instrucciones o simplemente haber presenciado en alguna ocasión cómo se realizaban las preparaciones.

Recetario anterior al siglo I

En realidad, el número de recetas de que disponemos es muy escaso, tan solo tenemos algunas pocas, o más bien indicaciones sobre cómo se preparaban los alimentos ¡y eso cuando hay mucha suerte! Por eso ha sido necesario conocer en primera instancia cómo cocinaban los distintos pueblos en el entorno geográfico donde se desarrolló la vida de los hebreos, desde Mesopotamia hasta Egipto. Algo que también nos proporcionará datos sobre la dieta, la cocina y la alimentación.

El aspecto simbólico ha estado y está siempre presente, y por esta razón podemos disfrutar con frecuencia en el texto bíblico de metáforas que entrelazan alimentos y sabiduría, el sabor dulce o el amargo, y la constante presencia de YWHW. Un párrafo clave sobre cómo el conocimiento de lo oculto penetra en la mente (incluso a través de aspectos prosaicos como la propia alimentación) es un difícil y hermoso texto de Ezequiel:

> *Y me dijo: «Hijo de hombre, come lo que tienes delante, come ese rollo. Luego vete y habla a la casa de Israel». Abrí la boca y me dio a comer aquel rollo. Me dijo entonces: «Hijo de hombre, alimenta tu vientre con el rollo que te doy y llena con él tus entrañas». Lo comí y fue en mi boca dulce como la miel* (*Ez.*, 3, 1-2).

Este simbolismo expresado por los alimentos es visible en la forma de comer, en los productos seleccionados y a través de la elección de unas técnicas y no de otras. Pero no es sorprendente, porque ya hemos analizado cómo se seleccionan o se prohíben distintos alimentos, y cómo cada uno de ellos tiene un significado propio que actúa como refuerzo de la identidad judía. En cualquier caso, es evidente que en este texto de Ezequiel el sentido de ese simbólico alimento, el rollo de conocimiento, no nutre el cuerpo, sino el espíritu, lo que nos confirma una vez más que la alimentación tiene un largo alcance, que puede conducir por caminos complejos y místicos. Más allá de la nutrición, ya que el alimento es un elemento fundamental de acercamiento, fraternidad y conocimiento en el mundo hebreo.

De panes, tortas y elaboraciones a base de trigo

El pan, lo básico, lo sustancial, la comida primera, esencial y principal, era la base de la alimentación. Quien llevaba un trozo de pan en el zurrón sobrevivía. Y también podía utilizarlo como ofrenda o prenda de pago, como trató de hacer Saul en su encuentro con Samuel (*1Sam.*, 9, 7).

Pero más allá de símbolos y de recursos ocasionales, el pan era efectivamente el sustento básico y diario de la población. Durante el asedio a Jerusalén en el año 587 a. C. por parte de los babilonios, el profeta Jeremías fue conducido a prisión por las autoridades de Judá. Y cada día le llevaban a su celda una torta de pan de la calle de los panaderos (*Jr.*, 37, 21). Incluso disponemos de una receta vinculada con esta situación, y de la que hablaremos más adelante. Eso significa sencillamente que los panaderos estaban agremiados, o al menos agrupados en una zona concreta de la ciudad que incluso tomó su nombre. Igualmente, significa que no todo el mundo hacía el pan en su casa y que era habitual recurrir a los servicios profesionales de panaderos.

El profeta Oseas describe muy bien el proceso de panificación, no de tortas, sino de pan leudado, que es un paso más complejo que el del pan ázimo. Y nos muestra cómo el pan sale de un lugar muy concreto, la panadería, en la que se disponen hornos ardientes que el panadero atiza para que mantengan el calor durante la cocción. Y también señala cómo el panadero deja de atizar el fuego desde que prepara la masa, la pasta, hasta que fermenta. Es evidente que esta acción se debía a la intención de que la fermentación no fuera muy rápida, sino lenta, en un entorno atemperado. Es decir, Oseas, en dos frases, indica cómo cómo eran perfectamente conocidas las técnicas para la cocción de diferentes panes, y también que el pan se dejaba fermentar por la noche para ser cocido en el horno por la mañana. (*Os.*, 7, 4).

No debe extrañar la presencia de comercios de panaderos, que ya eran muy familiares en Egipto, como el propio libro del Génesis nos indica. Incluso sabemos que había panaderos bien organizados en la propia corte de Faraón, pero también en las populosas ciudades donde las tortas de pan se cocían cada día para alimentar a la gente (*Gn.*, 40, 1).

En cuanto a las técnicas que se vinculaban con su elaboración, a partir de su primera fase, el trigo se majaba, no siempre en grandes molinos, sino en pequeñas cantidades, esas que eran fruto de lo que se hubiera podido adquirir o cultivar. Así que eran necesarios instrumentos manuales para realizar estas labores, como un mortero de piedra o un molino, instrumentos móviles ambos. En Jueces 6, vemos cómo Gedeón majaba el trigo, oculto en un lagar, y en el Libro de Samuel se evidencia que, aun en tiempos de crisis, los sacerdotes del culto divino al menos tenían pan para llevarse a la boca.

Concédeme, por favor, algún oficio sacerdotal para poder comer un trozo de pan (1Sam., 2, 36).

Por supuesto no debemos olvidar que los significados del pan forman capas casi estratigráficas, una sobre otra, superponiéndose una más otra, a veces excluyentes y otras no. Pero en todo caso vemos panes benditos, panes dedicados al culto divino y otros panes cotidianos, sencillos y de supervivencia, simplemente humanos. En cualquier caso, con un bello significado: que se ofrece a YWHW lo que es más necesario para los hombres, su último bocado, el pan, el sustento. La vida.

Sucedió en tiempos del joven David, antes de ser rey, y en plena batalla. Aún estaba a las órdenes de Saúl, y pidió al sacerdote Ajimélec pan para sus hombres. Tenían hambre, necesitaban continuar la batalla, y recurrieron a lo único que había: pan. Y el sacerdote le contestó:

No tengo a mano pan ordinario, solamente pan consagrado; podrán tomarlo con tal de que tus hombres se hayan abstenido de trato con mujeres (1Sam., 21, 5).

NO OLVIDES BENDECIR EL PAN EN LA MESA

En las comidas judías se bendice el pan, que se presenta cubierto con un paño. El significado es hermoso: los panes en *shabat* siempre son dobles, en recuerdo de la doble porción de maná que recibían los hebreos en el desierto un día a la semana. Y estos panes se cubrían de rocío, que lo protegía, por eso los manteles con que se cubre el pan hoy, rememmoran a la protectora rociada. Entonces se recita la oración:

Barukh ata Adonai Eloheinu melekh
ha'olam hamotzi lehem min ha'aretz.

(Bendito eres tú, Adonái, nuestro Dios, gobernante del universo, que sacas el pan de la tierra).

Cuando llega a la mesa, y tras ser bendecido, se corta en rodajas gruesas y se salpica con sal. Hay que evitar hablar hasta que se traga el primer bocado. Esa bendición del pan invoca al tiempo del Edén, la tradición señala que el pan crecía en el árbol, y después ya solo se obtuvo el pan «con el sudor de tu frente». De ahí la bendición al YWHW que sacó el pan de la tierra.

En el libro del Éxodo, YWHW promete bendecir el pan y el agua de su pueblo (*Ex.*, 23, 25). De la misma forma que había bendecido a las personas y a la Creación desde el inicio del libro del Génesis; al fin y al cabo, los alimentos formaban parte de la propia Creación.

La bendición sobre todos los alimentos es de carácter genérico, el pan y el agua los representan a todos. Ya en esta época temprana, por tanto, vemos que el pan era la base de la alimentación y la comida por excelencia. Aunque es más explícito en sus bendiciones en el libro del Deuteronomio, cuando señala:

> *Bendecirá el fruto de tus entrañas y el fruto de tus campos: tu grano, tu mosto y tu aceite; las crías de tus vacas y el crecimiento de tus rebaños* (*Dt.*, 7, 13).

Y en reciprocidad, y como agradecimiento por los bienes recibidos y las bendiciones, también el hombre bendecirá a YWHW. Esas bendiciones mutuas parecen reforzar su sentido y su fuerza, a pesar de la distancia que tienen entre sí, porque finalmente el objeto de la bendición y el que bendice son profundamente diferentes:

> *Tú comerás y te saciarás, y bendecirás al Señor, tu Dios* (*Dt.*, 8, 10).

Las bendiciones divinas sobre los alimentos tienen un sentido vital, no solo de supervivencia, sino también de goce de la vida, de abundancia; en definitiva, de felicidad espiritual y física:

> *Bendeciré con abundancia sus provisiones, saciaré de pan a sus pobres* (*Sl.*, 132, 15).

Incluso Melquisedec, un sacerdote, ofreció pan y vino, y lo bendijo, como parte del ritual de la bendición del mismísimo Abraham (*Gn.*, 14, 18-19). Esto explica la antigüedad y la extensión de las bendiciones del pan, que han llegado hasta la actualidad.

PAN ÁZIMO

Un pan ázimo es aquel que se elabora sin levadura, sencillamente. Es el «pan de la aflicción», el único que se pueden permitir consumir los judíos durante *Pesaj*. Por otro lado, es sumamente fácil de elaborar.

Se prepara poniendo en práctica una receta tan simple como mezclar agua y harina, quizás algo de sal, hasta formar una masa elástica. Después se amasa suavemente, se porciona y se lleva al fuego en forma de tortas, por ejemplo. Este proceso tiene muchas ventajas. La primera es la inmediatez, porque es un pan que no necesita nada más que esa sencilla mezcla, y manos no necesariamente expertas para su elaboración. Después, requiere una fuente de calor, que puede ser un recipiente cerámico que se pone al fuego y sobre cuyas paredes se estiran las tortas y se cocinan. Aunque también se pueden hacer sencillamente sobre una sartén. Una vez listas, esas tortas de pan flexible y suave se pueden tomar solas o acompañar con cualquier cosa, incluso se utilizaban a modo de cuchara para comer trozos de algún guiso o mojar y recoger la salsa.

Un pan como el que la mujer nigromante de Endor preparó para el rey Saul, por ejemplo. Esta mujer, percibiendo el calamitoso estado de Saúl tras la muerte de Samuel, casi lo forzó a comer algo; ella observó que Saul estaba profundamente deprimido y que además llevaba sin comer nada un día entero. La mujer no solamente sacrificó un ternero cebado, también preparó unos panes ázimos con sus propias manos y se los ofreció al rey y a sus sirvientes (*1Sam.*, 28, 21-26).

En cuanto a los requisitos técnicos, y según la tradición, este pan hay que prepararlo en diecisiete minutos, a contar desde que se comienza la mezcla hasta que se introduce en el horno. Esto se hace para evitar que se produzca el proceso de fermentación, lo que provocaría que ya no fuera pan ázimo.

La siguiente receta es una variedad de este pan ázimo, y que se elabora en la actualidad para dar forma al famoso *matzá*. El pan de *Pesaj*.

INGREDIENTES

- 150 ml de agua, que se deja decantar toda la noche (debe estar fría, para evitar la fermentación de la masa)
- 125 g de harina de trigo
- 125 g de harina de cebada
- 40 ml de aceite de oliva virgen extra.
- Sal

ELABORACIÓN

- Mezclar la sal con el agua, hasta que se disuelva. Aunar ambas harinas en seco. Poner la harina en forma de volcán e ir incorporando el agua poco a poco hasta que quede una masa flexible. Añadir el aceite de oliva y amasar solo tres o cuatro minutos.
- Dividir la masa en 8 bolas y extenderlas para que la masa quede muy fina.
- Untar una sartén con unas gotas de aceite de oliva. Calentar a fuego vivo y poner la torta, dando la vuelta cuando esté tostándose, sin que llegue a quemarse. Quedarán flexibles y blandas, con mucho sabor.

PRESENTACIÓN

- Se sirve acompañando las comidas del *shabat* y también la noche de Pascua. Pero es un pan polivalente y multiusos, que puede ser útil en cualquier comida y que admite todo tipo de acompañamiento. Además, puede trocearse y servir como complemento de ensaladas, formar la parte más sustanciosa de una sopa o utilizarse para engordar un guiso.

TORTAS DE PAN, MATZÁ

Una de las preparaciones icónicas de la cocina hebrea, el pan sin levadura o matzá. Lo encontramos en multitud de momentos a lo largo de la historia bíblica. Tenía una importante ventaja con respecto a otras elaboraciones de pan, y es que se elaboraba en muy pocos minutos. La inmediatez de su preparación presenta innumerables beneficios, y el primero de ellos es precisamente que se hacía en muy poco tiempo, se podía disponer de alimento casi sobre la marcha. Lo observamos cuando llegaron los visitantes divinos a la tienda de Abraham y este instó a Sara, su esposa, a hacer unas tortas con tres seim de flor de harina. Y de prisa, porque los visitantes estaban esperando.

El significado de este tipo de harina (flor) es que no se mezclaba con la de cebada, más económica y basta también, sino que se hacía con harina de trigo refinada, que era mucho más valorada en su tiempo.

Por otro lado, los panes que elaboró Sara estaban preparados al estilo subcinericio, lo que significa que se hacían sobre una placa puesta sobre fuego de brasas, donde se colocaba el pan, y sobre ella se disponía otra placa (de metal o piedra) sobre la que se colocaban más brasas. En la actualidad podemos utilizar el horno con la función doble para calentar por la parte baja y gratinar a la vez, con lo que provocaremos calor en ambas partes, Así conseguiremos una torta similar a aquellos panes rápidos de Sara y Abraham.

Pero no es la única ocasión en la que encontramos estas tortas: durante el asedio a Jerusalén por los caldeos, el rey Sedecías encarceló al profeta Jeremías y ordenó que una vez al día le dieran una torta de pan (*Jr.*, 37, 21).

INGREDIENTES

- 300 g de harina especial para panificar
- 200 ml de agua mineral
- 3 cs[1] de aceite de oliva virgen extra
- ½ cs de sal

ELABORACIÓN

- Mezclar la harina y la sal. Dar forma a un volcán e ir incorporando poco a poco el aceite y el agua. Amasar hasta que quede una masa bien formada, elástica y flexible. Este amasado se realizará con rapidez y vigor.
- El tiempo desde que se amasa hasta que se hornea no debe superar los diecisiete minutos en total, aspecto que tendremos en cuenta.
- Una vez lista la masa, empieza a contar el tiempo; las tortas incluso pueden reposar un poco si hacemos la masa con ayuda de otra persona. Debemos dividir la masa en seis piezas (aproximadamente) y estirarlas en forma de torta, perforando su superficie con un tenedor para que se mantengan lisas durante la cocción. Al terminar, espolvorear con harina fina tanto la bandeja de horno antes de colocar las tortas como después, sobre ellas.
- Se introducen en el horno precalentado a 180 °C hasta que estén bien hechas y suavemente doradas. Es un tiempo muy corto debido a lo delgado de las tortas, así que hay que tener cuidado para que no se quemen. Quedan perfectas si usas una piedra para hornear y la calientas previamente.

1 Cs equivale a cucharada sopera.

PRESENTACIÓN

- Estos panes se presentan en la mesa sencillamente, como parte de las comidas de *shabat*, cada semana. Pero son especialmente bienvenidos en *Pesaj*. En realidad, es el pan adecuado para consumir durante *Pesaj* si ha cumplido la *mitzvá*, es decir, todos los tiempos para que no haya llegado a fermentar. Y para ello, se debe amasar en un lugar fresco, y tener el horno en otra habitación, acción con la que se evita la fermentación de la masa.
- En la actualidad también se elaboran lasañas que tienen como base este pan *matzá*, acompañadas de verduras guisadas, carne o pescado picados formando deliciosas capas. Añade lonchas de berenjenas asadas a la plancha entre las placas, incorpora generosas tajadas de queso cremoso y salsa de tomate, y finalmente gratina, así tendrás un magnífico plato.

PAN TRENZADO

Es uno de los panes más llamativos de la tradición sefardí. Los panes en forma de trenza se elaboran para días festivos y tienen muchos significados, desde el amor y la conexión hasta la creación y la armonía. Es una interesante cuestión porque el pan trenzado presenta una herencia doble: por una parte, es típicamente sefardí y, como está elaborado con tanto cuidado, suele ser delicioso. Los trenzados son símbolos característicos de una cultura que se manifiesta en arquitectura y joyería. Por ejemplo, los pectorales que acompañaban al ajuar del Arca de la Alianza iban adornados con cadenillas de oro que formaban cordones de oro trenzados. También la cabellera del gigante Sansón se dividía en siete trenzas, y había trenzas en la decoración de las columnas del Templo de Salomón.

La otra herencia llega del norte. Porque, aunque la trenza es un símbolo judío, sin embargo, el formato de pan trenzado proviene de las comunidades judías de Polonia, Ucrania y Lituania, que incorporaron los trenzados sencillos o dobles a la mesa del *shabat* en el siglo XVI, que en realidad era un formato de panificación propio de la tradición medieval de esta zona. Finalmente el pan trenzado se trasladó a la tradición sefardí tras la Segunda Guerra Mundial. Es un exquisito ejemplo de cómo también se cruzan las tradiciones en la alimentación.

INGREDIENTES

- 400 g de harina de fuerza
- 100 ml de leche
- 80 g de masa madre altamente hidratada
- 40 g de miel pura (seleccionar una miel suave; por ejemplo, de azahar)
- 25 g de levadura fresca
- 1 yema de huevo batido con unas gotas de agua
- 60 ml de aceite de oliva virgen extra
- 10 g de sal

ELABORACIÓN

- Mezclar la harina, la levadura y la masa madre (que estará a temperatura ambiente) a mano o en un robot de cocina. Añadir poco a poco la leche tibia, hasta que se incorpore totalmente. Amasar cinco minutos y dejar diez para que repose la masa. Repetir esta operación tres veces.
- Tras el último reposo de la masa añadir la sal y amasar muy bien.
- Incorporar la miel y amasar de nuevo hasta que se integre totalmente.
- Añadir el aceite de oliva en pequeñas cantidades y, si es necesario, dejar reposar para que la masa vaya hidratándose, haciendo tandas de amasado y reposo. De esta forma se integra mejor.
- Preparar un recipiente amplio y engrasarlo. Colocar la masa dentro, bien tapada, en un lugar sin corrientes de aire, tibio. Se deja bien tapado para que repose toda la noche, y al menos doblará su volumen.

- Por la mañana volver a amasar y dejar reposar de nuevo 20 minutos. Entonces, dividir la masa en cinco trozos del mismo peso. Estirar en forma de cordón, suavemente, dejando reposar si hace falta hasta que tomen el largo y el grosor deseado. Deben ser todas iguales. Una vez terminadas, tapar bien y dejar reposar quince minutos.
- Ahora formaremos la trenza, suavemente. Los extremos deben ser algo más finos para que el pan quede bien rematado. Cerrar bien las puntas, que se pueden abrir durante la cocción. Tapar la trenza en un lugar tibio y sin corrientes de aire, dejando reposar hasta que duplique su tamaño.
- Precalentar el horno a 175 °C con el gratinador encendido. Justo antes de introducir la bandeja de horno con el pan, pintarlo con el huevo batido. Quitar el gratinador e introducir en el horno. El tiempo de horneado dependerá del horno y de nuestra pericia, pero será suficiente un margen entre 30 y 45 minutos. Al final se puede gratinar suavemente.
- Sacar el pan del horno y dejarlo enfriar en una rejilla, para evitar que retenga humedad.

PRESENTACIÓN

- Llevar a la mesa en una fuente amplia. Es un pan que merece la pena exhibir, pues es precioso y llamativo, pero no se debe cortar hasta que se enfríe totalmente. Una vez listo, porcionar en rodajas y servir.

TORTAS O BUÑUELOS DE TAMAR

Tamar era hermana de Absalón, hijo de David. Amnón, otro hijo de David en una complicada corte en la que la presencia de esposas y concubinas provocaba situaciones familiares complejas entre hermanos y medios hermanos, se enamoró de ella. Se fingió enfermo y pidió que Tamar fuera a prepararle la comida, de forma que:

> *Ella tomó harina, la amasó, preparó las tortas...*
> *y las puso a freír. Luego tomó la sartén y*
> *se la puso delante* (2Sam., 13, 8-9).

Más que tortas, esta elaboración de Tamar parece un pastelillo, una porción de una masa, que en cualquier caso está frita y puede ser mucho más parecida a un buñuelo que una torta de pan.

INGREDIENTES

- 500 gr de harina
- 200 ml de agua mineral
- 2 cs de aceite de oliva virgen extra
- Sal
- 1 cta[2] de cominos
- 1 cta de alcaravea
- 1 cs de perejil fresco picado
- 1 diente de ajo
- Aceite de oliva virgen extra en cantidad suficiente para freír

ELABORACIÓN

- Poner la harina en forma de volcán e ir incorporando el agua poco a poco. Antes de que la masa esté compacta, añadir el aceite de oliva. Machacar la sal con el ajo en un mortero, añadir el perejil, los cominos y la alcaravea, pero solo para romper bien, no hace falta que se haga polvo, ya que resulta agradable encontrar trocitos en la masa. Añadir a la masa y dejar reposar tapada media hora.
- Estirar con el rodillo hasta obtener el grueso de 1 cm y cortar pequeños círculos del tamaño de la boca de una copa. Calentar a alta temperatura el aceite de oliva y freír las porciones de masa hasta que se doren.
- Aunque estas tortas se presentaron a Amnón sin ninguna otra comida, se pueden acompañar de humus de garbanzos salpicado de hojas de cilantro o de una ensalada de pepino y menta, muy apropiada para días calurosos.

2 Cta equivale a cucharadita de postre.

TORTAS DE ACEITUNAS MACHACADAS

El aceite de oliva es una constante en la cocina hebrea y en multitud de aspectos de su vida diaria. Y no sólo en el pasado, ya que este ingrediente se fue haciendo más necesario con el paso del tiempo. La cocina judía recurrió a esta grasa desde época temprana, y el recetario iba entrelazándose con los productos más conocidos, populares y, por supuesto, que se producían en la zona. Tenemos escenas solemnes y especiales en las que el aceite está omnipresente: por ejemplo, cuando Jacob bendijo una estela con aceite de oliva tras una aparición de YWHW en la que le prometió ser el padre de un gran pueblo. O la presencia de las tortas de aceite del Éxodo destinadas solamente a los sacerdotes del Arca (*Gn.*, 28, 18). La *Mishná* habla de estas tortas de aceitunas machacadas como algunas de las cosas que se pueden comer, a pesar incluso de estar elaboradas por un pagano (*AZ.*, 2, 7).

Aunque en la historia se conoció primero el aceite de oliva y después la fruta transformada, pronto estas formaron parte de la dieta y, por tanto, de los productos esenciales que se consumían a diario. La aceituna es uno de los frutos simbólicos del judaísmo y también del mundo mediterráneo, está repleta de contenido y significados. También el aceite de oliva es una hermosa metáfora del pueblo de Israel, con varios significados. En primer lugar, que para dar lo mejor de sí hay que exprimir el fruto; en segunda instancia que, a pesar de sus problemas, el pueblo de Israel siempre flota por encima de todas las dificultades, como le ocurre al aceite sobre el agua. Sobrevivir, esperar, continuar, quizás como un destino.

Los israelitas recordaban al tomar el maná cómo este les sabía a sabrosas (y perdidas) tortas de aceite. Eso significa que las tortas de aceite eran algo cotidiano, de diario, que todo el pueblo conocía. Y que les satisfacía.

En esta receta, además de añadir aceite de oliva en la masa del pan para elaborar las tortas, se incorporaban aceitunas, que aportaban sabor y también textura. Así, con este doble añadido, la oliva en su versión de fruto aliñado y de aceite, puede formar parte de una receta de lo más sabroso.

INGREDIENTES

- 400 g de harina
- 100 g de harina de cebada
- 250 ml de agua
- 40 g de levadura de panadero
- 100 ml de aceite de oliva virgen extra
- 100 g de aceitunas negras sin hueso
- 1 cta de miel
- 1 cta de sal

ELABORACIÓN

- Mezclar las dos harinas y la sal. Incorporar poco a poco el agua mezclada con la miel y la levadura. Ir trabajando suavemente pero con firmeza, y añadir poco a poco el aceite de oliva, hasta que quede una masa flexible. Dejar descansar la masa quince minutos. Agregar finalmente las aceitunas picadas a la masa. Amasar de nuevo. Dejar reposar a temperatura ambiente en un lugar tibio, tapada con un paño limpio durante dos horas.
- Calentar el horno a 200 °C.
- Dividir la masa en pequeñas bolas del tamaño de un albaricoque, extender cada una de ellas en forma de torta, salpicar con harina e introducir en el horno hasta que se doren. Es preferible utilizar una piedra de hornear y calentarla a fuego vivo durante al menos 30 minutos antes de hornear las tortas.

PRESENTACIÓN

- Estas tortas se pueden utilizar como guarnición de una comida, pero son muy útiles para acompañar cualquier preparación. Tenga cuidado porque, si las aceitunas son muy saladas, quizás la masa requiera una cantidad menor de sal. Para mantener las tortas tibias, cubrirlas con un paño limpio.

TORTAS DE ACEITE

Presentes a lo largo de toda la Sagrada Escritura, las tortas de aceite parecen tener distintas variedades, unas festivas y litúrgicas, y otras más domésticas y cotidianas.

Este es el rito que has de seguir para consagrar a los sacerdotes en mi honor. Toma... pan ázimo, tortas sin levadura amasadas con aceite y panes sin levadura untados en aceite; todo ello hecho con flor de harina (Ex., 29, 1-2).

En cuanto a la técnica de elaboración, es evidente que estaban realizadas con aceite. La grasa formaba parte de la masa para obtener un resultado más flexible y húmedo y con mejor sabor.

Ofreced también una oblación amasada con aceite (Lev., 9, 4).

INGREDIENTES

- 250 g de harina de trigo
- 75 cl de agua tibia
- 80 ml de aceite de oliva virgen extra
- 1 cta sal

ELABORACIÓN

- Calentar suavemente el aceite.
- Poner la harina con la sal en un recipiente e ir añadiendo poco a poco el agua y el aceite. Se amasa con suavidad, pero sin descanso, hasta que quede flexible y elástica. Partir la masa en doce porciones, que aplastaremos hasta dar la forma redondeada de torta. Freir en abundante aceite de oliva a alta temperatura por ambos lados. Al sacar dejar reposar sobre papel absorbente.

PRESENTACIÓN

- Se dejan enfriar antes de consumir. En una versión repostera se pueden añadir a la masa algunas especias como matalahúva, ajonjolí, alcaravea o semillas de hinojo. También se pueden espolvorear con canela para las versiones dulces.
- Si se les va a dar uso para acompañar algún plato salado, el ajonjolí proporciona un interesante sabor.
- Además de acompañante, estas tortas se pueden convertir en la base de platos principales. Pueden usarse como base de canapés, para acompañar patés y cremas, o sencillamente para usar como pan durante la comida. Estas tortas crujientes y suaves se usaban no solamente como guarnición, sino como cuchara, para tomar los guisos, para untar en ellas las salsas o las mezclas de verduras y legumbres trituradas a modo de humus, por ejemplo.

PAN ÁZIMO CON OLIVAS

Preparar una masa idéntica a la del pan *matzá*, con la diferencia de que se añadirá aceite de oliva a esta masa. Sin embargo, estos panes no se van a hornear, sino que se cocinarán sobre una sartén a ser posible de fondo grueso, para tratar de conseguir una masa más flexible y jugosa. Además, se incorporarán unas aceitunas negras sin hueso que aportarán mucho sabor.

INGREDIENTES

- 250 g de harina de trigo
- 250 g de harina de cebada
- 280 ml de agua, que se deja decantar toda la noche (debe estar fría, para evitar que provoque la fermentación de la masa)
- 60 g de aceitunas negras
- Sal

ELABORACIÓN

- Mezclar la sal con el agua, hasta que se disuelva. Por otra parte, unir ambas harinas en seco. Disponer la mezcla de las harinas en forma de volcán e ir incorporando el agua poco a poco hasta que quede una masa flexible. Amasar solo tres o cuatro minutos. Picar con un cuchillo bien afilado las aceitunas negras e incorporarlas a la masa gentilmente.
- Dividir la masa en 8 bolas y extenderlas para que quede una torta muy fina.
- Pasar por la sartén puesta a fuego vivo y untada con aceite de oliva, dándoles la vuelta una vez hechas por un lado. Quedarán unas tortas flexibles y sabrosas.

PRESENTACIÓN

- Sobre un paño limpio, acompañando cualquier comida. Son estupendas para acompañar el humus, el *baba ganoush* o para mojar en platos con algo de salsa.

TORTAS O PAN DE EZEQUIEL

Estas tortas son singulares, porque rompen la tradición de consumir el pan elaborado a base de un solo cereal. La cuestión es que la ley prohibía plantar en el mismo terreno distintas semillas mezcladas, así que esta receta marca una diferencia de gran interés.

Su historia se desarrolla a partir de una de las visiones de Ezequiel. Durante un asedio sufrido por Jerusalén, YWHW ordena al profeta mezclar trigo, cebada, habas, lentejas, mijo y centeno. Esta mezcla de legumbres y cereales se molía hasta obtener harina, y una vez lista, con ella se preparaban unas tortas idénticas a las muy conocidas «tortas de cebada cocida». Lo que significa que había un estilo de tortas de cebada, diferentes a otros panes o tortas elaborados con otros ingredientes. Y también que en ocasiones de necesidad era necesario tomar decisiones difíciles, decisiones que rompían la tradicional pureza alimentaria.

Ezequiel fue un profeta hebreo de linaje sacerdotal que ejerció su ministerio durante el cautiverio judío en Babilonia entre los años 595 y 570 a. C. Fue llevado cautivo a Babilonia como el resto de la clase alta, y vivió en una ciudad mesopotámica cercana a Nipur en Caldea, Tel-Abib, junto al río Quebar, cercano al Éufrates. Ezequiel dejó por escrito los detalles de la siguiente preparación para sus tortas:

> *Tú toma también trigo, cebada, habas, lentejas, mijo y centeno. Mézclalo todo en un solo recipiente y hazte pan con ellos… Lo comerás en forma de torta de cebada cocida* (Ez., 4, 9, 12).

Así que, durante su breve cautiverio, le ordenaron preparar estas tortas singulares y tan diferentes de la tradición, elaboradas con «trigo, cebada, habas, lentejas, mijo y avena». O sea, un mixto de cereales y legumbres, que es una de las combinaciones nutricionales más efectivas para conseguir una porción de proteínas de origen vegetal de buena calidad, debido a un fenómeno que conocemos como *suplementariedad*.

INGREDIENTES

- 500 g de trigo entero
- 200 g de cebada
- 200 g de centeno
- 100 g de mijo
- 150 g de habas mediterráneas (no habichuelas)
- Agua tibia, cuya cantidad dependerá de lo que absorba la harina
- 2 cs de levadura de pan seca
- 100 g de aceite de oliva virgen extra
- 2 cs de miel
- 1 cs de sal
- Aceite de oliva para la plancha o sartén

ELABORACIÓN

- Triturar cereales y legumbres juntos. Se obtendrá una harina gruesa, que será la base de la preparación.
- Mezclar los líquidos y la sal, e ir añadiendo a la harina anterior poco a poco para dar forma a una masa que se pueda manejar fácilmente. Dejar leudar durante 2 h tapado con un paño limpio a temperatura ambiente, mejor algo cálida.
- Una vez haya subido, porcionar la masa en bolas para confeccionar unas tortas individuales. Extender cada bola con suavidad y pasar por una sartén impregnada con aceite de oliva o una plancha. Dejar que se hagan por un lado y después por el otro. Para acelerar el proceso se pueden tapar, ya que de esta forma se mantendrán más húmedas y flexibles.
- Según se vayan dorando por ambos lados se sacan y mantienen calientes entre dos paños limpios. Estas tortas también se pueden elaborar en un formato más grueso y hornear a fuego medio. Quedarán como una masa abizcochada, pero densa e igualmente sabrosa.

PRESENTACIÓN

- La sencillez de estas tortitas hace que su presentación casi no necesite explicaciones. Pueden acompañar a casi cualquier comida, servir para recoger salsas, untarse con cremas como humus o *baba ganoush* y servir de plato para colocar sobre ellas pequeños trozos de carne.

TRIGO TOSTADO

Muy probablemente, la primera forma de comer el trigo en la historia humana fue sencillamente cogido de la espiga, aún verde o previo a la madurez total. Tomados directamente de la espiga los granos crudos, como todavía hacen muchos campesinos. Sin embargo, el trigo es mucho más nutritivo y sabroso tostado antes del consumo. Esos granos tiernos aplacan mejor el hambre cuando se han salteado al fuego, y tienen varias ventajas con respecto al consumo en crudo, ya que tostados duran más, no se deterioran y se digieren bien. A lo largo de toda la Biblia encontramos este trigo tostado, que se come quizás para calmar el hambre, quizás como entretenimiento. En cualquier caso, era una fórmula cotidiana de consumo y probablemente representaba una suplementación de la dieta, más que estrictamente una forma de comida cotidiana. Era fácil de transportar y se porcionaba sin esfuerzo.

Las posibilidades de preparación de platos a partir del trigo son extraordinarias. El primer abanico de opciones nace de cómo se trate al propio grano: si se usa entero, triturado o molido. La cuestión es que al usarse entero y tostado tiene un sabor agradable, y parece que en este entorno gustaba especialmente así preparado. El propio David, urgido por Jesé, su padre, llevó a sus hermanos una medida de trigo tostado[3] y diez panes, lo que significa que no eran productos sustitutorios uno de otro, sino claramente diferenciados en su consumo (*1Sam.*, 17, 17).

También Abigaíl llevó a David y a sus hombres en plena campaña granos de trigo tostado en abundante

3 Llevó un *efah*, una medida de áridos que se corresponde con 7 litros.

cantidad (*1Sam.*, 25, 17). Aún se comía el trigo tierno, es decir, sin tostar, lo que documenta el Levítico en la enumeración de las obligaciones del sábado (*Lev.*, 23, 13). Naturalmente, si algo se prohíbe es porque se practica, porque hay un hábito enraizado y consuetudinario. La bellísima escena de Ruth comiendo unos granos de trigo tostados junto a los segadores de Booz es de una veracidad que impresiona por su sencillez, y que revive los momentos de la siega en el pasado, conduciéndonos a un mundo que aún consumía los granos de trigo sin panificar (*Rt.*, 2, 14).

INGREDIENTES

- Granos de trigo crudo, sin tratar. En la cantidad que se desee.

PREPARACIÓN

- Poner a remojo el trigo durante la noche. Por la mañana escurrir. Poner en una olla alta con abundante agua y hervir a fuego suave 40 minutos. Escurrir.
- Calentar una sartén, preferiblemente de hierro. Debe disponer de una tapadera.
- Cuando esté caliente pero aún no humee, añadir pequeñas cantidades del trigo. Tapar y mover la sartén para que los granos se tuesten por todas partes, con el fuego más bajo que al principio. Permitir que los granos se hagan homogéneamente, y tener cuidado, ya que algunos saltarán. Es mejor tostar cada vez pequeñas cantidades con el fin de controlar bien el proceso. Al terminar el salteado de los granos se colocan sobre una superficie amplia cubierta con un paño limpio para que se enfríen bien y no retengan humedad.
- Se pueden sazonar con especias, con sal o con mezcla de ingredientes, incluso con productos dulces como un chorro de miel sobre ellos. Una combinación de cúrcuma, comino y cilantro con un poco de sal, bien molidos todos, es perfecta sobre los granos de trigo.

PRESENTACIÓN

- Estos granos se pueden tomar solos, en cualquier momento del día, como hacían en tiempos bíblicos, algo así como un *snack* para cualquier ocasión. También se pueden añadir a una ensalada de verduras para enriquecer el plato o combinar con legumbres. Con esta última opción es posible conseguir unos platos muy nutritivos.

Sopas y cremas frías

En época muy temprana debió resultar evidente que el agua de cocción de productos como carnes y hortalizas adquiría buen sabor, y casi se convertía en una preparación por sí misma. Especialmente durante las jornadas más frías del año.

El proceso de incorporación de estos caldos a la dieta fue muy sencillo y práctico. Quizás tras la cocción de la carne para hacerla comestible se consumía el agua de cocción directamente. O incluso se agregaban otros ingredientes, como sal, trozos de tortas de pan o algún otro producto, con lo que ya tenemos una sopa. La sopa servida caliente reconforta, quita el hambre y aplaca la sed. Y si tiene esos tropezones, además se convierte en un plato nutritivo. Entre estos ingredientes bien podríamos encontrar pequeños trozos o hebras de la carne que se había cocido previamente, pedacitos de tortas ázimas o algunos vegetales y legumbres. Incluso unos granos de trigo tostado, como los que hemos visto anteriormente, harían buen papel en una sopa, produciendo un plato más consistente y nutritivo.

Las sopas son un grupo de platos que con una base común (caldo) e innumerables variaciones, con las que se obtienen resultados de todo tipo, dando lugar a platos ligeros o contundentes. Además, sirven como método de aprovechamiento de alimentos que se pueden perder, y canalizan en definitiva muchos pequeños restos de la comida cotidiana con excelentes resultados.

La elaboración de sopas y estofados debía ser habitual, porque permitía el uso de recursos que, unidos, conseguían una comida buena y satisfactoria con poco esfuerzo. Y observamos su presencia en muchas ocasiones. Por ejemplo, en época del profeta Eliseo hubo una hambruna y este ordenó recoger algunas hierbas con el fin de elaborar un potaje, que en definitiva era un sistema fácil de desarrollar. Cualquiera de sus discípulos pudo intervenir en la recolección de verduras silvestres, en su preparación y en el desarrollo del guiso, que parece muy conocido por los protagonistas de esta historia. De este guiso hablamos más extensamente en el apartado «Legumbres, verduras y hortalizas».

SOPA DE HABAS

Las habas son un ingrediente típicamente mediterráneo, de cultivo fácil y bien conocidas en el recetario medio-oriental. Sabemos que los egipcios las tomaban con mucha frecuencia y que, a lo largo de las orillas del resto del Mediterráneo, formaron parte de la alimentación cotidiana de griegos y romanos. Desde luego, las habas son un ingrediente sustancioso, polivalente y fácil de cocinar. La clave también es que cultivarlas es sencillo y son plantas muy prolíficas y bien adaptadas a este entorno, hasta tal punto que su abundancia hizo que fuesen consideradas como «comidas de pobres».

En los textos sagrados solamente tenemos una referencia a las habas. Se produce en el Libro de Samuel, cuando Sobí el amonita, hijo de Najas, llevó a David y a sus tropas algunas comodidades y alimentos para que se repusieran de la fatiga de la batalla. Los guerreros habían llegado a Majanaim, una localidad al este del Jordán, vecina y súbdita del rey David. Con toda seguridad acertaron, ya que pensaban que David y sus huestes habían sufrido en el desierto hambre, agotamiento y sed (*2Sam.*, 17, 28).

Para socorrerles ante estas dificultades, les acercaron unos lechos, copas y distintos productos sencillos, al estilo de su dieta habitual. Entre estos productos había cereales, miel, lácteos y legumbres. Y unas de estas legumbres eran precisamente las habas. El texto no explica la forma de preparación, probablemente eran habas secas que se mantenían mucho tiempo en buenas condiciones, como sucede con las lentejas o los garbanzos, y que después era necesario hidratar antes de cocinar. En la cocina sefardí se usaban mucho estas habas, aunque también son muy apreciadas las habas verdes, frescas, recién cogidas. En este estado son casi dulces, cremosas y necesitan muy poca elaboración para dar forma a un plato verdaderamente apetitoso.

Sin embargo, las habas secas proporcionan muy buenos potajes, sopas y cremas y se pueden conservar fácilmente. Requieren previa hidratación, pero son nutritivas y se transforman a placer en la base de un plato caliente y muy satisfactorio, capaz de combinar con cualquier otro producto. Daremos el modelo de una de estas posibles sopas con las que repusieron fuerzas las tropas del rey David. Incluye alguno más de los ingredientes que el gentil Sobí les acercó: la cuajada.

INGREDIENTES

- 200 g de habas secas
- 1 diente de ajo
- ½ cebolla
- 1 cta de comino
- 1 ramita de cilantro fresco
- 50 g de aceite de oliva
- 100 g de cuajada
- 1 cta sal

ELABORACIÓN

- Dejar las habas en remojo durante una noche, como mínimo en el doble de agua de su volumen.
- Calentar el aceite de oliva y sofreír la cebolla cortada pequeña y el ajo, este último bien machacado en un mortero. Cuando se doren suavemente añadir las habas bien escurridas. Mover bien para que el guiso tome el aceite homogéneamente. Añadir el comino y la sal, moviendo despacio. Cubrir con agua y dejar hervir a fuego suave. Cuando estén blandas retirar un puñado de habas, machacar bien en el mortero y añadir al guiso, para espesar la preparación. Entonces se colocan en una fuente, añadiendo la cuajada en el centro, salpicando todo el plato con el cilantro fresco muy picado.

PRESENTACIÓN

- Se sirve bien caliente, con el cilantro y unas tortas para acompañar. Si el guiso es suficientemente espeso, estas tortas bien pueden servir de cucharas para tomar porciones de habas, que es justamente como se comían. También se pueden añadir pequeños trozos de carne, que aportarán mucho sabor al guiso.

SOPA DE MATZÁ

Una reconfortante sopa que presenta literalmente cientos de variedades, y cuyo tipo de cocinado dependerá de la época del año y de la habilidad del cocinero. Es un auténtico plato de aprovechamiento por la inclusión de los restos del pan *matzá*, que es tan bueno, y que absorbe bien todo el sabor y el jugo de una sopa.

INGREDIENTES

- 1 l de caldo de ave
- 1 cebolla pequeña
- 2 dientes de ajo
- 4 huevos
- Pan *matzá* para completar
- 2 cs de aceite de oliva
- Sal

ELABORACIÓN

- Calentar el aceite de oliva y sofreír la cebolla muy picadita y los dientes de ajo machacados. Cuando esté todo transparente y muy bien hecho, añadir el caldo. Se deja hervir y se espuma bien la mezcla.
- Batir los huevos e incorporar en forma de hilos. Cuando estén bien cuajados, servir en la sopera y cubrir con el pan *matzá* en trozos, en la cantidad que más nos apetezca.

PRESENTACIÓN

- Servir muy caliente. Se puede incorporar un ramito de menta fresca, al estilo mediterráneo de las sopas de picadillo, que proporcionará un agradable contraste a la preparación.

RESOPÓN DULCE

El resopón es una comida extraordinaria, que se toma fuera de los horarios normales, a última hora de la noche, antes de irse a dormir. En realidad es un paraguas bajo el cual se puede incluir cualquier tipo de plato.

Esta sopa que se puede ofrecer como resopón, pero que también se puede consumir a cualquier hora, se elabora a base de leche y pan, y es sumamente reconfortante. Y no es solo para niños.

INGREDIENTES

- 1 l de leche
- Tortas de pan *matzá* en cantidad al gusto
- 1 cáscara de limón
- 1 rama de canela
- 4 cs de miel
- Canela en polvo

ELABORACIÓN

- Calentar la leche a fuego suave con la canela en rama, la miel y el limón, para que infusione. Tapar diez minutos, tras lo cual estará lista. Colar y añadir una torta de matzá troceada, en cantidad a gusto. Espolvorear con canela.

PRESENTACIÓN

- Servir caliente y dejar la miel cerca para los más golosos.

HUMUS O CREMA DE GARBANZOS O HABAS

Un clásico en las tradiciones del Medio Oriente, que no solamente se puede elaborar con garbanzos, sino con otras legumbres como habas, lentejas e incluso guisantes.

INGREDIENTES

- 200 g de cualquier legumbre
- 3 cs de pasta de sésamo (o 100 g de semillas de sésamo trituradas hasta convertirlas en pasta con 50 g de aceite de oliva virgen extra y un poco de sal)
- 1 limón
- 1 ramita de cilantro fresco
- 1 cta de cilantro en grano
- 1 cta de granos de hinojo
- Aceite de oliva virgen extra
- Sal

ELABORACIÓN

- Poner en remojo las legumbres una noche entera. Al día siguiente retirar el agua y hervir los garbanzos con una cucharada de aceite de oliva y un poco de sal.
- Cuando estén tiernos, triturarlos junto al cilantro fresco, el cilantro en grano molido en mortero, la sal y la pasta de sésamo. Ir añadiendo el zumo de limón según nos guste más o menos ácido. Incorporar el aceite de oliva poco hasta que adquiera una consistencia densa, sin grumos y bien equilibrada.

PRESENTACIÓN

- Esta pasta se debe dejar reposar en lugar fresco unas horas antes de tomarla. Los sabores estarán más asentados y la mezcla será entonces perfecta.
- Tiene multitud de usos, y se puede tomar como guarnición, usar como salsa y acompañamiento, para untar el pan antes de poner sobre él una loncha de carne o para tomar con bastoncitos de verduras crudas, al modo actual.

CREMA DE BERENJENAS O BABA GANOUSH

La berenjena es una de las hortalizas más apreciadas en Oriente Medio, y tiene mil y una preparaciones. Esta es muy sencilla de elaborar y queda siempre muy sabrosa. Para elaborar el *baba ganoush* usaremos unas berenjenas tersas y brillantes. La calidad del plato bien merece dejar a un lado a las que estén mustias.

INGREDIENTES

- 1 kg de berenjenas
- 1 cabeza de ajo
- 100 ml de zumo de limón
- 100 g de crema de ajonjolí
- Aceite de oliva virgen extra
- Sal

ELABORACIÓN

- Pinchar las berenjenas con ayuda de un tenedor, y pintarlas con aceite de oliva. Sazonar e introducir en una fuente de horno con la cabeza de ajos, ambas piezas bien tapadas para que no se resequen.
- Hornear a fuego medio hasta que estén tiernas las berenjenas, durante unos cuarenta y cinco minutos. Dejar reposar tapadas hasta que se enfríen. Este paso es importante, la berenjena «debe sudar».
- Quitar la piel de las berenjenas y triturarlas con ayuda de un tenedor. Incorporar el contenido de los ajos, que se habrá convertido igualmente en una crema untuosa, e ir añadiendo poco a poco el aceite de oliva, la crema de ajonjolí y el zumo de limón, hasta obtener un preparado apetitoso y a nuestro gusto. Dejar reposar en lugar fresco para asentar los sabores.

PRESENTACIÓN

- Poner la crema en un bol. Incorporar a una fuente amplia en la que hayamos colocado pan de pita caliente o bastoncillos de pan suavemente horneados. El pan tibio y la crema fresca o fría provocan un contraste muy grato.

Legumbres, verduras y hortalizas

Este es un grupo de alimentos muy heterogéneo, de origen vegetal y con variedades tan numerosas que bien pudieron ser la base, junto al cereal, de la alimentación cotidiana en el mundo hebreo. Y de hecho, después del evidente liderazgo de los cereales, este fue el segundo grupo de alimentos en importancia y frecuencia de consumo. Más aun teniendo en cuenta que se trata de una agrupación de comestibles verdaderamente amplia y dotada de una enorme variedad de productos.

Los vegetales representaban en el mundo israelí un conjunto de alimentos muy utilizados y de valioso aprovechamiento en toda la extensión de la palabra. Por una parte, tenemos a las legumbres, que son capaces de mantenerse en buenas condiciones durante mucho tiempo gracias a su proceso natural de deshidratación. A veces era posible tener legumbres en conserva hasta años si se conseguían evitar insectaciones, que eran su gran amenaza.

Por su parte, el resto de las verduras y hortalizas tenían su temporada natural, durante la cual se aprovechaban al máximo, extrayendo así todo el potencial alimentario del propio ciclo de fertilidad de la tierra. Este hecho tenía un doble sesgo, ya que por un lado había temporadas de enorme abundancia de productos y en otras se sufrían carencias, épocas que se aliviaban gracias al apoyo del amplio grupo de cereales y legumbres. Siempre que, claro, se hubiera tenido la precaución de almacenarlos correctamente.

Legumbres

Se trata de una familia de productos ampliamente arraigados en el Mediterráneo, compuesta principalmente por: lentejas (*Lens culinaris*), garbanzos (*Cicer arietinum*), guisantes (*Pisum sativum*) y habas (*Vicia faba*). Todas ellas son especies originarias del Cercano Oriente, toleran bien las altas temperaturas y el clima seco. Además, son muy nutritivas y presentan un alto contenido en hidratos de carbono y proteínas vegetales, aunque este tipo de proteínas nunca son tan completas como las de origen animal. Todas las leguminosas tienen una propiedad común, nada desdeñable en un clima árido, y es que son capaces de aportar nitrógeno a los suelos empobrecidos, enriqueciéndolos con su participación.

Todas estas especies eran de consumo cotidiano, sin embargo, sabemos la importancia de las lentejas y también del haba mediterránea, que era un auténtico comodín en la cocina de esta zona. Se trata de un cultivo antiguo y bien adaptado que ha sido durante milenios un recurso muy popular y de fácil acceso, propio de las cocinas más sencillas y presente en los recetarios de la zona. Desde luego, también vemos en la cultura hebrea multitud de potajes y estofados elaborados con habas, así como diferentes variedades de gachas y guisos con harina de habas.

Las leguminosas eran una de las bases de la alimentación que complementaba y enriquecía el auténtico pilar que eran el grupo de los cereales. Aportaban variedad, sabor y guisos más satisfactorios y, por tanto, una nutrición más completa. El Libro de Números nos proporciona unos datos muy interesantes sobre lo que los israelitas cultivaban cotidianamente durante su etapa en Egipto. Entre estos productos destacaban los melones, los puerros, las cebollas y los ajos, que, aunque son una escueta muestra de los cultivos de huerta que se ponían en práctica en aquella zona, sí exhiben la fertilidad y abundancia de las huertas egipcias.

Hay platos característicos elaborados con legumbres, por ejemplo, el potaje de lentejas de Esaú, que se podrá encontrar en el apartado «Guisos, ragús y estofados», así como otras recetas de este estilo preparadas con leguminosas. Sin embargo, las que se diferencian especialmente por presentar las legumbres como ingrediente principal se contemplan en este apartado.

TORTITAS DE LENTEJAS

Como los cereales, las legumbres secas son muy útiles para elaborar harinas y, por tanto, proporcionan una gran flexibilidad para desarrollar platos complejos, como estas tortitas. Seguramente utilizarían las lentejas más viejas, que son más duras, para elaborar este plato, dejando las de la cosecha del año para guisos y estofados.

INGREDIENTES

- 250 g de lentejas
- 4 cs de harina
- 2 huevos
- 4 cs de miel
- 2 cs de semillas de sésamo
- Aceite de oliva para cocinarlas

ELABORACIÓN

- Hornear las lentejas durante veinte minutos a 150 °C. Mediante esta operación se terminarán de deshidratar y se podrán triturar mejor posteriormente. Dejar enfriar del todo y moler con ayuda de un robot.
- Batir los huevos e ir incorporando poco a poco la miel. Al final añadir las semillas de sésamo. Reservar.
- Mezclar las dos harinas (de lentejas y trigo) cuidadosamente, para que quede una mezcla homogénea, e ir incorporando la mezcla anterior. Calentar la sartén y poner en ella una cucharada de aceite de oliva, e ir añadiendo cada vez dos cucharadas de la preparación para ir formando las tortitas. Hay que darles la vuelta hasta que queden doradas por ambas caras. Repetir esta operación con el resto de la masa y mantener en sitio caliente mientras hacemos todas las tortitas.

PRESENTACIÓN

- Se pueden consumir como un plato dulce, añadiendo un hilo de miel sobre ellas, y quizás unas pasas o dátiles. Pero son perfectas para acompañar una ensalada de granadas, trigo y cilantro, para picar de una crema fría tipo humus o incluso como base para una ensalada de berros.

GARBANZOS TOSTADOS

Una de las decenas de preparaciones hijas del cocido que proporcionan tanta popularidad a los garbanzos y que los hacen sumamente útiles en la cocina. Además nos demuestran cómo es posible cocinar platos ricos con poco conocimiento de cocina.

INGREDIENTES

- 250 g de garbanzos
- 1 cs de cominos molidos
- 1 cs de cúrcuma
- 1 cs de orégano seco
- 1 cta de azafrán
- 2 dientes de ajo
- 1 cs de sésamo
- 2 cs de vinagre de vino
- 2 cs de aceite de oliva virgen extra
- Sal

ELABORACIÓN

- Cocer los garbanzos sin excederse en el tiempo de cocción.
- Triturar el ajo con la sal y el resto de los condimentos sólidos.
- Mojar bien los garbanzos en el aceite de oliva. Incorporar los condimentos y colocar los garbanzos aliñados sobre una bandeja de horno cubierta con un papel de cocina, bien extendidos. Salpicar con el vinagre y hornear a 180 °C, moviendo de cuando en cuando para que se tuesten homogéneamente. Cuando estén dorados por todas partes sacar del horno y dejar enfriar.

PRESENTACIÓN

- Como el trigo tostado que tomaban los israelitas, los garbanzos horneados son un estupendo *snack*, nutritivo y fácil de transportar. Se pueden servir de aperitivo, para acompañar una carne o como guarnición de una ensalada.

FALAFEL DE HABAS

El falafel es la denominación de un plato que se elabora con legumbres, ya sean garbanzos, que es lo más habitual, ya sean habas. Y que se forma a partir de la realización de unas bolas aplastadas, que toman finalmente la forma de las hamburguesas, pero preparadas con ingredientes vegetales. Es una estupenda receta de aprovechamiento, muy útil para disponer un plato compuesto por una base de legumbres a la que se incorporan distintas verduras y condimentos, proporcionando un sabor diferente en según la condimentación que se agrega a la receta.

Es posible que fuera una variedad del pan de Ezequiel en el que se integraron estas legumbres con el resto de los granos, tostados o frescos, para cocinarse juntos por primera vez. O quizás los cocineros hebreros elaboraron estos pastelillos tan nutritivos para ofrecer a David en mitad de las campañas.

Las preparaciones de productos picados o triturados en forma de bolas o bolas aplastadas son una constante en la historia de la alimentación. La explicación no tiene misterio alguno, más bien parece un tipo de preparación simple de elaborar, que se efectúa sencillamente con las manos, y más rápida por tanto de confeccionar que si tuvieran formas angulares, por ejemplo.

Las habas aún siguen teniendo presencia en las comunidades sefardíes, en las que se consumen durante las celebraciones de *Pesaj*, en recuerdo de los alimentos que tomaron los israelitas a lo largo de los años de esclavitud en Egipto. Pero en cualquier caso son un producto que crece fácilmente en el Mediterráneo, además de nutritivas, sabrosas y fáciles de conseguir.

INGREDIENTES

- ½ kg de habas frescas
- 1 ramito de perejil
- 1 ramito de cilantro fresco
- 3 dientes de ajo
- 1 cta de cominos
- 1 cta de menta
- Dos nueces de miga de pan
- 2 cs de leche
- Harina para espolvorear las piezas
- Aceite de oliva virgen extra para freír
- Sal

ELABORACIÓN

- Mojar la leche en el pan y dejar reposar unos minutos. Triturar las habas con un tenedor, sin llegar a hacerlas puré, e incorporar el perejil, el ajo y el cilantro. Añadir ahora el pan mojado, los cominos y la menta fresca. Probar y sazonar, y si hace falta añadir un poco de aceite de oliva a la mezcla, en el caso de que hubiera quedado demasiado espesa.
- Dejar reposar unos minutos, para que se mezclen bien todos los sabores.
- Untar las manos con aceite de oliva y dar forma a unas bolas gruesas. Espolvorear de harina por todas las caras de cada bola. Se colocarán en la sartén, que estará caliente y con unas cucharadas del mismo aceite. Pero no demasiado, porque esta masa lo absorbe todo.
- Dejar que se haga la albóndiga, primero por un lado, y posteriormente dar la vuelta aplastándola suavemente hasta que se haga por el otro. Debe quedar ligeramente crujiente por fuera y bien hecha en el interior. Tapar y reservar.

PRESENTACIÓN

- Se pueden presentar sencillamente adornadas con hojas de menta y sésamo, pero admiten cualquier condimentación y acompañamiento, ya sea caliente o frío.
- En tiempo caluroso se pueden dejar enfriar y acompañar con una salsa fría, que aportará jugosidad.
- Resultan muy buenas para guarnecer un plato de pescado, o como relleno en el interior de algún panecillo flexible. También se pueden incorporar los restos de una buena salsa procedente de un estofado de carne. Aunque quizás, la fórmula más mediterránea para tomar el falafel es en una abundante ensalada, a base de pepinos, cebollas y hojas verdes de lechuga, aliñadas con aceite de oliva virgen extra y vinagre.

Verduras y hortalizas

Las preparaciones de verduras son una cuestión interesante, aunque resbaladiza porque muchas veces encontramos un genérico para hablar de ellas, y los textos suelen referirse a las verduras como «hierbas». Así, en Génesis se dice:

Hierbas que dan semilla (*Gn.*, 1, 12).

Pero también hay referencias al sabor de fondo de muchas de ellas, y hablan de «hierbas amargas» por ejemplo, en el Éxodo, al referirse a la cena de Pascua. Las verduras, que son los productos vegetales de hoja, siempre se consideran alimentos oportunistas, poco nutritivos y destinados a las mesas más pobres; alimentos que casi no merece la pena consumir.

Es curioso el número de veces que encontramos guisos elaborados con *hierbas del campo* o *malas* hierbas, muchas de ellas probablemente vegetales nutritivos y de buena calidad, pero sin valor económico debido a que crecían espontáneamente. Por esta misma razón eran poco valorados, lo que no restaría sabor ni capacidad nutritiva. Estas son las que menciona el Génesis:

Te producirá espinas y zarzas, y comerás
las plantas del campo. (*Gn.*, 3, 18).

Esto se comprende muy bien en el marco de una sociedad en la que la carne era el alimento festivo, nutritivo y saciante, no solo desde el punto de vista del placer, sino incluso de las emociones, o del pensamiento. Es evidente que la carne tenía un valor extraordinario y que, en comparación con el grupo de las verduras, estas perdían importancia y consideración. La ausencia de la carne en los menús cotidianos, exalta la añoranza por esos otros momentos de celebración y expansión en los que sí era algo más que un ingrediente, una auténtica protagonista.

LECHUGAS CON ACEITUNAS E HINOJO

Uno de esos platos de «hierbas amargas» a los que hace referencia la tradición bíblica, que son tan refrescantes y, hoy ya lo sabemos, están cargadas de nutrientes de buena calidad. Además tienen mucho sabor y pueden prepararse con innumerables variantes, combinando distintos productos e incluso variando la condimentación. Por otro lado, aunque las lechugas son una verdura de invierno, en la actualidad las podemos encontrar todo el año.

INGREDIENTES

- 1 lechuga
- 1 tallo de hinojo
- 1 bulbo de hinojo
- Un puñado de aceitunas negras sin hueso
- 80 ml de aceite de oliva virgen extra
- 1 cs de vinagre de vino
- Sal

ELABORACIÓN

- Entibiar el aceite de oliva y sumergir el tallo de hinojo cortado por la mitad en él. Tapar y dejar macerar una noche entera.
- Cortar la lechuga en cuatro partes a lo largo y picar muy pequeño el bulbo de hinojo y la mitad de las aceitunas. Sacar el tallo de hinojo del aceite de oliva, y batir el aceite con el vinagre y la sal.
- Rociar la ensalada con la condimentación anterior.

PRESENTACIÓN

- Servir en una fuente salpicada con las aceitunas, acompañando con tortas de pan de hinojo.

ENSALADA RÁPIDA DE BERROS

Los berros son algo amargos, pero muy sabrosos. Lo más importante es que sean muy frescos. La combinación de especias cambiará el plato de una vez a otra. Esta ensalada queda muy buena si se sirve sobre tortas de pan matzá y se aumenta la cantidad de condimentación. Estas absorberán parte del jugo y quedarán suculentas al romperlas y tomarlas con las verduras.

INGREDIENTES

- Un buen puñado de berros
- Los granos de una granada limpia
- 1 cta de comino
- 1 cta de semilla de cilantro
- 1 cs de miel
- 1 cs de aceite de oliva virgen extra
- 1 cs de vinagre de vino
- Sal

ELABORACIÓN

- Lavar bien los berros. Poner sobre una fuente y reservar.
- Triturar las semillas de cilantro en el mortero.
- Tostar las semillas de sésamo en una sartén, pero sin aceite de oliva, hasta que estén suavemente doradas, evitando que se quemen. Mezclar las semillas tostadas con el aceite y el cilantro. Batir el vinagre con la miel y un poco de sal. Ir añadiendo a este último el aceite de oliva con las especias. Salpicar la mezcla sobre los berros y añadir la granada.

PRESENTACIÓN

- Se puede servir acompañado de queso de cabra y de algunos panecillos.

GUISO DE PUERROS Y COL AL ESTILO EGIPCIO

La cocina de Egipto marcó el estilo de la cocina hebrea. Tanto que incluso tras su liberación y la salida añoraban los ricos productos de la huerta egipcia. Probablemente, como sucede con las tradiciones alimentarias, durante su estancia mantuvieron su propia personalidad sin renunciar a las variadas posibilidades egipcias. Que consistían no solamente en una producción abundante y diversa, sino en el uso de técnicas diferentes y de instrumentos más adecuados para el cultivo de este tipo de alimentación.

En Egipto no solamente había una rica huerta, también existían granjas avícolas, abundante pesca y ganado de tamaño medio, incluso ganado mayor. Además, la cocina egipcia disfrutaba de una extraordinaria condimentación que probablemente enriqueció la cocina hebrea, debido a que aportaba variedad sin romper las normas alimentarias tradicionales.

INGREDIENTES

- Media col
- Seis puerros
- 1 cta de semillas de cilantro
- 1 cta de perejil
- 1 cta de comino
- 4 cs de aceite de oliva
- 1 cs de vinagre
- Sal

ELABORACIÓN

- Cortar la col en dos o tres trozos a lo largo, retirando la base, más dura.
- Retirar las hojas verdes y las raíces de los puerros. Limpiar bien, ya que suelen tener tierra entre las hojas.
- Cocer la col y los puerros en agua salada hirviendo durante quince minutos. Sacar, escurrir y cortar.
- Mezclar las especias con el vinagre, el aceite de oliva y la sal. Poner la verdura en una bandeja de horno y salpicar con la preparación anterior. Precalentar el horno a 200 °C y hornear las verduras durante dieciocho minutos.

PRESENTACIÓN

- Servir como guarnición de un plato de pollo asado, bien caliente.

Por su parte, las hortalizas son otra cuestión. Y productos como ajos, pepinos, puerros, cebollas, calabaza mediterránea y ajos estaban mejor considerados, eran más nutritivos y saciantes (dos conceptos que se encontraban asociados) que las verduras de hoja.

Pero también tenemos cardos, esas otras «plantas del campo» o «espinas» aparentemente poco valoradas o consideradas simplemente perniciosas (*Jue.*, 8, 7). Sin embargo, sabemos que las consumían, y que en ocasiones, el cardo estaba cargado de contenido simbólico, como lo que dijo Joás, rey de Israel a Amasías, su homólogo de Judá:

> *El cardo del Líbano mandó decir al cedro del Líbano: «Dame tu hija para esposa de mi hijo». Pero pasaron las bestias salvajes y pisotearon al cardo* (*2Ry.*, 14, 9).

En cualquier caso, los cardos, que crecían espontáneamente, no parecen ser valorados como alimento. Se consideran a la altura de las ortigas, las zarzas y los espinos. La imagen de los cardos es de planta invasiva e inútil. Sin embargo, sabemos que tanto los cardos como las ortigas tenían aprovechamiento de carácter alimentario, como ha sucedido en el resto del Mediterráneo, ya que son plantas que crecen espontáneamente y que con pocos cuidados resultan muy provechosas.

CALABAZA ASADA SOBRE CENIZAS CALIENTES

Dice la *Mishná*:

> *Si uno hace voto de abstenerse de alimento cocido, le está permitido comer lo asado y las cosas hervidas. Le está permitido un huevo pasado por agua y calabaza preparada sobre cenizas calientes* (Ned., 6, 1).

La presencia de hambruna en tiempos de Eliseo le llevó a dar instrucciones a un grupo de seguidores para que prepararan una planta guisada que aparentemente era calabaza. En el libro de Reyes se cuenta cómo, durante esta hambruna, el profeta ordenó utilizar una gran olla en la que preparar un potaje para los discípulos.

El término que se usa para describir el guiso es *pulmentum*, que era un plato del estilo de unas gachas de cereal, que se elaboraba mezclado con agua, y removiendo hasta obtener un preparado homogéneo. A veces, se le añadía a esta base de harina cualquier verdura, carne o pescado que se tuviera a mano. La primera parte del *puls* saciaba, el añadido de la segunda, a pesar de presentarse en inferior cantidad, proporcionaba variedad y sabor.

El caso es que uno de esos seguidores del profeta salió al campo a ver si encontraba algo para enriquecer estas gachas y recogió frutos de «una especie de vid silvestre», que añadió a la olla. Nadie quiso comerlo, porque les pareció venenoso. Pero Eliseo añadió harina a la olla y todos consumieron el contenido.

> *Cuando Eliseo volvió a Guilgal había hambre en el país. Los discípulos de los profetas vivían con él. Dijo a su criado: «Pon la olla grande y cuece un potaje*

para los discípulos de los profetas». Alguien salió al campo a recoger hierbas; encontró una especie de vid silvestre y de ella recogió unos frutos silvestres hasta llenar su manto. Volvió y los echó en la olla del potaje, pues no lo conocía… Entonces Eliseo dijo: «Traed harina». La echó en la olla (2Ry., 38, 41).

Es muy posible que este fruto silvestre fuera una coloquíntida o tuera, una planta nativa de África y Egipto, trepadora, que proporcionaba una fruta grande del tipo de la calabaza o la sandía. Muy posiblemente la *Citrullus colocynthis*, aunque lo peor de todo es que es un fruto venenoso. Por eso precisamente Eliseo hizo el milagro de la recuperación de los comensales, evitando que enfermaran o hasta que fallecieran. La receta que se presenta a continuación tiene como ingrediente principal a la mucho más amable calabaza,

INGREDIENTES

- 1 calabaza
- 2 cebollas
- 300 g de cuajada
- 1 cs de pasas sin pepitas
- 1 cs de cúrcuma
- 150 ml de vino dulce de pasas
- Sal

ELABORACIÓN

- Abrir la calabaza sacando una tapa y conservándola. Retirar de su interior las semillas y los filamentos.
- Asar las cebollas partidas por la mitad. Trocear cada una en cuatro partes e introducir en la calabaza, añadiendo la cúrcuma, la sal y las pasas. Romper un poco la carne de la calabaza para que todo se mezcle bien, y regar con la mitad del vino.
- Envolver la calabaza en un papel de aluminio, poner sobre una fuente e introducir en el horno previamente calentado a 180 °C. Hornear durante 45 min.
- Abrir la calabaza y controlar si la carne está suficientemente blanda o se ha resecado. Si hace falta, añadir la otra mitad del vino. Volver a tapar y hornear otros quince minutos si fuera necesario.
- Dejar en el horno cerrado hasta que se enfríe, unos treinta y cinco minutos. Añadir la cuajada poco a poco sobre la pulpa, mezclar bien y dejar reposar bien tapada.

PRESENTACIÓN

- Es un plato que se puede hacer el día anterior y queda muy lucido en la mesa. Sirve como guarnición de un plato de ave o como parte de un *brunch* para una comida familiar. Admite diferente condimentación, lo que proporcionará variedad.

OTRO GUISO DE CALABAZA

La calabaza es el símbolo del otoño, de la riqueza de las cosechas y del descanso. Es tradicional tomarla en Rosh Hashaná, por la creencia de que el brillante tono anaranjado representa la riqueza y prosperidad. Y como se mantiene en buenas condiciones durante bastante tiempo, es posible adquirirla en plena temporada y disfrutar de platos hechos con calabaza durante numerosas jornadas. Aunque es la protagonista de muchos platos de repostería, es más difícil encontrarla en guisos de este estilo, a los que aporta mucho sabor y un suculento contraste dulzón.

INGREDIENTES

- 1 calabaza mediana
- 2 puerros
- 1 cebolla
- 2 dientes de ajo
- 2 kg de costillas de cordero
- 1 cs de semillas de cilantro
- 1 ramillete de cilantro fresco
- 2 cs de uvas pasas sin pepita
- Aceite de oliva
- Sal

ELABORACIÓN

- Cortar las costillas por la mitad. Sazonar con sal y la mitad de las semillas de cilantro trituradas en el mortero. Salpicar con un chorrito de aceite de oliva y tapar. Dejar reposar quince minutos.
- En esta preparación se utilizará una *cocotte* de barro con tapadera. Precalentar el horno a 180 °C. Poner en la fuente una primera capa de cebolla, cortada en finos aros. Añadir el ajo triturado en el mortero.
- Cortar la calabaza en tiras de un dedo de grueso. Poner la mitad de las tiras ordenadamente sobre la cebolla, sazonar con sal y cilantro. Colocar sobre esta capa las costillas, añadiendo todo el jugo que hayan soltado. Salpicar con la mitad de las pasas.
- Incorporar una tercera capa. Para ello, en primer lugar, añadir los puerros finamente trinchados y después el resto de la calabaza, que se sazonará igualmente. Agregar encima la otra mitad de las uvas pasas, un chorrito de aceite de oliva y unas hojas de cilantro fresco.
- Tapar y hornear a fuego suave durante noventa minutos. Dejar reposar treinta minutos en el horno cerrado. Las costillas se deben separar perfectamente de sus huesos.

PRESENTACIÓN

- Servir este plato muy caliente un día frío de invierno, acompañado de unos bollos de pan con sésamo y aceite de oliva virgen extra muy fresco. Agradecerá un buen vino.

ADEREZO DE PUERROS

En recuerdo a los puerros egipcios que tanto añoraban, esta receta incorpora sabores mediterráneos como el del ajonjolí, el aceite de oliva y las aceitunas.

Es un puré frío que se puede usar como un humus, para picar, pero también puede comportarse como una salsa, guarnición o cama para guisar algún plato delicado de pescado, por ejemplo.

INGREDIENTES

- 4 puerros frescos
- 1 cs de ajonjolí
- Cuatro hojas de menta
- 3 cs de aceite de oliva virgen extra
- 4 cs de aceitunas negras
- 1 cta de semillas de hinojo
- Sal

ELABORACIÓN

- Limpiar los puerros cuidadosamente, partiéndolos por la mitad y retirando toda la arena que suele llevar entre las hojas. Se pueden dejar sumergidos en agua unos minutos para facilitar esta maniobra.
- Colocar los puerros con la parte plana hacia abajo sobre una plancha. Salpicar con unas gotas de aceite de oliva y poner a fuego suave, tapados, hasta que se hagan perfectamente y queden muy blandos y dorados. En total, el proceso no debe superar los veinte minutos. Tapar y dejar que se enfríen.
- Mientras, machacar las semillas de hinojo con la sal, y añadir las aceitunas con el ajonjolí y la menta.
- Cuando los puerros estén listos se trituran con el tenedor y mucha paciencia, añadiendo poco a poco la masa anterior de aceitunas y el aceite de oliva. Probar de sal, con cuidado, porque las aceitunas suelen ser muy saladas. Tras el proceso se obtendrá una masa agradable, suave y no demasiado compacta.

PRESENTACIÓN

- Dejar reposar tapado en un lugar fresco. Se acompaña de bastoncillos de zanahoria, apio y, por supuesto, tortas de pan ázimo.

Lácteos

Esta gran familia de productos derivados de la leche comprende yogures, quesos, cuajadas y por supuesto la misma leche. Es una de las bases de la alimentación israelí, como parece natural en un pueblo de pastores. Y todos estos productos no solamente se tomaban solos, sino que, por el contrario, y sobre todo, formaban parte de los ingredientes habituales en el recetario. Se usaban para enriquecer guisos, se añadían a la masa del pan o se tomaban mezclados con preparaciones de verduras y hortalizas.

Con mucha frecuencia parecen ser una base de la alimentación incluso más recurrente que el propio cereal. Quizás lo fueran en tiempos en los que no alcanzaban las reservas de cereales. En realidad, los lácteos son productos altamente nutritivos, flexibles, polivalentes y, cuando se consumen en el marco del pastoreo, siempre están a disposición de los pastores, que debían tener una gran experiencia en el manejo de la leche, en el cuajado de los quesos y la extracción de la nata y en la elaboración de las cremas. Probablemente un alto porcentaje de recetas se acompañaban de un buen cucharón de cuajada, de queso fresco o de preparaciones similares al yogur. Y esto mantenía a los israelitas saludables y fuertes, ya que la leche es una magnífica fuente de proteína.

PAN CON QUESO Y MIEL

Un reconfortante refrigerio que probablemente dio aliento a innumerables horas difíciles. Una combinación nutritiva y de fácil acceso en cualquier momento, que se elabora prácticamente sin necesidad de cocinar.

La cuajada y la miel son los dos productos combinados que vemos con mayor frecuencia en los textos bíblicos, son casi un mito, y desde luego una metáfora. Isaías, en el siglo VIII a. C., hablaba del significado de la cuajada, que es sencillamente la representación de la abundancia del ganado y de su productividad. La cuajada, por cierto, no era necesariamente de oveja o cabra, también se apreciaba mucho la cuajada de ternera. Aunque este animal era más propio de tierras ricas en pasto que los ovicápridos, adaptados a las dificultades de las zonas más secas.

Aquel día criará cada cual una ternera y dos ovejas, y de tanta leche como darán comerán cuajada, pues cuajada y miel comerá cualquiera que reste en el país (Isa., 7, 21-22).

INGREDIENTES

- Tortas de pan blando
- 1 cs de cuajada por cada torta
- 1 cs de miel por cada torta
- Un puñadito de almendras frescas

ELABORACIÓN

- Calentar las tortas en el horno a temperatura muy suave. No se tostarán, solo hay que mantenerlas calientes. Picar las almendras en un mortero, deben quedar gruesas, no en forma de polvo.
- Sacar las tortas de pan del horno y poner una cucharada de cuajada sobre cada una de ellas, rociar con la miel en hilo sobre su superficie y añadir las almendras picadas.

PRESENTACIÓN

- Es un plato informal, que conviene ir preparando individualmente y según apetezca. Cuando las tortas de pan están calientes el sabor de todos los ingredientes se funde literalmente en la boca.
- Desde luego, caben muchas variantes a esta preparación: desde añadir canela espolvoreada, a sustituir las almendras por nueces o avellanas. Incluso se pueden utilizar diferentes tipos de miel. Proporcionarán un sabor más fuerte y profundo las mieles de castaña (o mielatos), mientras que las mieles de flores son más delicadas.

PASTEL DE QUESO

Con esta receta se da buen uso a las cuajadas que no se aprovechan para hacer queso. Este tipo de recetas debían ser especialmente bienvenidas en temporada alta, de calor, cuando los ganados proporcionaban más leche y había mayor abundancia de preparaciones lácteas. Era entonces cuando había que aprovechar para elaborar productos que se pudieran conservar durante los meses de mayor escasez.

INGREDIENTES

- 400 g de cuajada fresca
- 1 yogur tipo griego, sin azúcar
- 6 cs de miel
- 50 g de harina + 1 cs para espolvorear el molde
- 1 cta de canela
- 1 cs de ralladura de limón
- Mantequilla para untar el molde
- Una pizca de sal

ELABORACIÓN

- Batir el yogur con la miel. Añadir la cuajada hasta que quede todo homogéneo, y poco a poco, toda la harina. Incorporar la ralladura de limón, la sal y la canela.
- Untar un molde con mantequilla y salpicar con la cucharada sopera de harina. Introducir la mezcla en el molde, tapar y hornear a 175 °C durante cuarenta minutos. Dejar reposar diez minutos más y después enfriar bien antes de desmoldar.

PRESENTACIÓN

- Servir la tarta entera, decorada con uvas pasas, almendras y granos de granada.

QUESO FRESCO DE CILANTRO

Ya sabemos la facilidad que tenían en el mundo israelí para producir multitud de preparados a partir de la leche. La elaboración de estos subproductos tenía una ventaja importante: se podían perfumar con cualquier hierba, semilla o fruto, y se conseguía con esto una mayor variedad en la alimentación. Y lo más importante, un extraordinario aprovechamiento de los recursos.

Partiremos de la preparación del queso fresco. Para ello sencillamente se toman dos litros de leche fresca, a ser posible sin pasteurizar, y se ponen a calentar.

Cuando esté bastante caliente, pero no haya comenzado a hervir, añadir 100 ml de zumo de limón recién exprimido. En el mundo antiguo se utilizaba probablemente cuajo del estómago de algún animal rumiante, con el que además se conseguían sabores más complejos.

Una vez añadido el zumo de limón o el cuajo a la leche, mover la preparación con ayuda de una cuchara de madera. Se formarán unos gruesos grumos: la leche se está cuajando. Calentar hasta que se separen completamente sólidos y líquidos. Apagar el fuego y dejar reposar quince minutos. Una vez cuajado no se debe tirar la porción líquida, ya que en definitiva es parte de la leche y se puede aprovechar para hacer sopas y guisos.

Pasar la mezcla por un colador cubierto por un paño de algodón fino y limpio, sin estrenar. Una vez totalmente enjuagado, se envuelve la porción sólida en una gasa firme durante seis horas hasta que quede bastante libre de humedad.

Es ahora cuando comienza la receta.

INGREDIENTES

- 400 g de leche coagulada
- 1 cs de semillas de cilantro
- 1 cs de cúrcuma
- Sal

ELABORACIÓN

- Machacar en el mortero las semillas de cilantro y la sal. Añadir la cúrcuma a la mezcla. Tomar la parte sólida de la leche, y amasar con las manos añadiendo la preparación anterior. La mezcla debe quedar flexible y bien repartida.
- Colocar esta cuajada en un recipiente hondo y poner sobre ella algo de peso, como una sartén pesada o algo similar, poniendo un paño limpio entre la mezcla y el objeto. Dejar reposar una noche entera, o al menos unas ocho horas.
- Retirar el peso y el paño, y decorar con un ramito de perejil.
- Resulta un queso fresco que se desmenuza fácilmente.

PRESENTACIÓN.

- Este queso se sirve en una fuente amplia rodeada de pan de pita tostado y aceitunas negras. Se puede completar con un chorreón de aceite de oliva virgen extra de color verde brillante.

QUESO MARINADO

Un queso fresco que no se desmenuce será bueno para preparar esta receta. El queso feta, por ejemplo, es extraordinario para este fin y absorbe todos los sabores de la marinada.

Esta preparación es un modelo de cómo aprovechar la época de la producción de lácteos, que es desde la primavera hasta finales del verano.

INGREDIENTES

- 300 g de queso feta o similar
- 1 cta de orégano
- 1 cta semillas de cilantro
- 10 aceitunas verdes
- 1 cs de cebolleta fresca bien picada
- 1 cs de perejil fresco bien picado
- 1 tallo de hinojo
- 3 cs de aceite de oliva virgen extra
- 3 cs de zumo de limón
- Sal

ELABORACIÓN

- Cortar el queso en dados. Mezclar las aromáticas a gusto, usando por ejemplo cebolleta, perejil, orégano y cilantro. Picar las aceitunas y añadirlas a la mezcla, para que se impregnen bien. Pasar la mezcla y el queso a un tarro que se pueda cerrar. Añadir el aceite de oliva, moviendo para que todo se impregne de aceite. Después incorporar el limón y añadir agua hasta cubrir toda la preparación. Agregar el tallo de hinojo.
- Es necesario ser precavidos con la adición de sal en esta fase, si el queso es muy salado puede no ser necesaria. En cualquier caso, remover bien la preparación, agitando suavemente el tarro y dejar macerar una noche, tras la cual se puede consumir. Probar de sal y, si es necesario, incorporarla.

PRESENTACIÓN

- Se sirve en un plato, retirando el líquido, pero manteniendo las aceitunas. Acompañar de aceitunas negras. Se puede añadir un hilo de miel sobre el queso y tomar como *snack* o entrada.

Hierbas y especias aromáticas

Un enorme conjunto de productos que eran ciertamente muy importantes, no solamente en alimentación, sino también para perfumería y con el fin de aromatizar los ambientes domésticos, palaciegos e incluso los espacios sagrados.

Casi todas las hierbas aromáticas que utilizaban los hebreos se producían en la zona, sin embargo, todas las especias eran de importación y, por tanto, muy costosas y escasas. En realidad no estaban al alcance de cualquiera, y especias como la canela y el nardo, la caña aromática, el incienso, la mirra y el aloe[4], el cinamomo (una variedad de canela), se traían desde la zona de la actual India, por ejemplo, y se utilizaban en ocasiones singulares y sólo lo hacían las élites.

Mientras, el Mediterráneo era generoso en tomillo, romero, menta e innumerables productos de la gran familia de las umbelíferas: cilantro, perejil, hinojo y apio, e incluso las zanahorias, cuyas hojas son igualmente comestibles. También vemos cominos, cúrcuma, sésamo, azafrán. Pero hay muchas que no se citan, desde el cebollino al laurel, la albahaca, el eneldo, la melisa,

4 Que probablemente no era aloe vera, sino alguna otra sustancia en perfumería y cosmética.

las margaritas o la ajedrea, y que muy probablemente formaban parte de la dieta cotidiana. También tenemos la enorme familia de las mentas, con el poleo o la intensa menta de hoja pequeña. Todas ellas, solas o más habitualmente combinadas, provocaban en la alimentación una serie de modificaciones, de nuevos sabores, de combinaciones potentes o suaves, en definitiva, formaban parte de la esencia de las transformaciones y la dosificación propia de cada familia. En realidad, la clave de la variedad de sabores se encontraba más en el uso de hierbas y especias y sus combinaciones que en la utilización de los ingredientes principales, que tenían ciertas limitaciones.

Sin embargo, veremos cómo ciertos productos que ya han perdido vigencia en la alimentación actual eran recursos útiles y aprovechables en otras épocas de la historia israelí. La cercanía con la naturaleza facilitaba el consumo de estos productos que, en la actualidad, al estar alejados de los canales de comercialización, apenas se consumen.

Hojas de parra

Utilizadas como verduras en su temporada alta, las hojas de parra son flexibles, muy amplias y útiles para elaborar diferentes preparaciones, pero sobre todo, son comestibles. Son un recurso que hoy no se utiliza tan asiduamente pero que fue muy provechoso en el pasado. Mediante el sistema que se presenta podremos disponer durante todo el año de ellas. El uso de hojas de parra evidencia cómo una cultura es capaz de aprovechar multitud de recursos naturales que se encuentran a su disposición, y que con frecuencia con los mercados actuales y los nuevos sistemas de producción y distribución son más complejos de encontrar. Aunque en el actual Israel se comercializan en conserva y congeladas, y algunas incluso rellenas y listas para comer.

HOJAS DE PARRA EN CONSERVA

No obstante, si tienes una parra y quieres elaborar por ti mismo las hojas en conserva, esta receta te será de mucha utilidad.

INGREDIENTES

- 20 hojas de parra
- 1 lt de agua
- 200 g de sal

ELABORACIÓN

- Coger las hojas a principios de verano, ya que es la temporada de plena madurez y a la vez cuando están más tiernas. Cortar los tallos y lavarlas.
- Poner a hervir 1 litro de agua con mitad de la sal. Cuando comience a hervir, introducir poco a poco las hojas de parra. Dejar hervir durante dos o tres minutos, hasta que estén tiernas. Sacarlas una a una, evitando que se rompan, y hacer un pequeño rollo con ellas. Introducir en otro tarro limpio hasta llenarlo de pequeños rollos de hojas.
- Rellenar el tarro con otra salmuera que habremos preparado previamente, en proporciones idénticas de agua y sal. Repasar las paredes del tarro con un instrumento de mango largo para retirar las burbujas y cerrar. Así preparadas duran bastante tiempo, más aún si posteriormente se pasteurizan en una olla especial para este fin.
- En cualquier caso, hay que enjuagarlas bien antes de usarlas en cualquier receta.

PRESENTACIÓN

- Estas hojas se suelen usar rellenas. Y se pueden rellenar con un picadillo de carne, con una mezcla de arroz con especias, de bulgur, cuscús o trigo, pescado y verduras...
- En realidad, lo admiten todo, y se pueden servir frías o calientes. Solo hace falta un poco de imaginación y saber combinar bien los ingredientes.

Agraz

Es el zumo ácido de la uva recién exprimida, justo antes de fermentar. En España también se conoce como verjus. Es de sabor muy ácido, y se utilizaba como condimento para la cocina, en marinados, adobos o para equilibrar cualquier preparación. Con el tiempo y la proliferación de cultivos de cítricos, el verjus se vio sustituido, eso sí, siglos después, por el zumo de limón.

En realidad, el agraz no era una rareza, sino un elemento bien conocido y familiar. Se habla de él en el Libro de Números en referencia al consumo que debían evitar los entregados a los servicios divinos en tiempos de Moisés. Era la ley del nazareo:

El hombre o mujer que decida hacer voto de nazareo para consagrarse al Señor, se abstendrá de vino y licor, no beberá vinagre de vino, ni de licor, no beberá ningún mosto, y no comerá uvas frescas ni pasas... No tomará nada de cuanto produce la cepa del vino, desde la semilla hasta el pellejo (desde el agraz hasta el orujo, en otras versiones). (Num., 6, 2-4).

El agraz se utilizaba como condimento, adobo y sazón de cualquier preparación, desde pescados a carnes, hortalizas y verduras. Al ser un condimento líquido, ya que en definitiva es el zumo de la uva verde sin fermentar, sus posibilidades son extraordinarias y solamente la imaginación las limita, porque, además, sirve tanto para condimentar líquidos como para sólidos; incluso para aliñar los productos en crudo (maceraciones) o para condimentar los platos elaborados. Combina muy bien con hierbas aromáticas y especias, reforzando su sabor. En cualquier caso, al ser un ácido, no necesita otro ácido, es decir, parece menos natural añadir vinagre o zumo de limón a una preparación que ya incorpora verjus. También encaja perfectamente con sabores dulces, así que para una salsa agridulce con pasas o miel también resultará útil. Incluso refuerza los sabores que han quedado un poco desvaídos pero que no necesitan más sal. Por ejemplo, una crema de verduras con poco sabor se verá fortalecida con unas gotas de agraz sin necesidad de añadir sal.

Sésamo

Las semillas de sésamo son simientes nutritivas y ricas en grasa que nacen de una planta de origen hindú, cuyo nombre científico es *Sesamum indicum*. También se conoce como ajonjolí y es de uso milenario en la cocina del Medio Oriente. La planta se domesticó en el segundo milenio a.C. y, por lo tanto, lleva mucho tiempo en las cocinas, viajando desde el oriente al occidente. Fueron muy apreciadas en las cocinas de esta gran zona, usándose con prodigalidad en multitud de preparaciones. En la actualidad caracterizan singularmente la cocina de Medio Oriente, y se usa tanto el aceite que se extrae, ya que es una planta oleaginosa, como la propia semilla. El aceite de sésamo ha sido un ingrediente fundamental en las cocinas históricas asiáticas.

Por otro lado, es de uso polivalente, y presenta un gusto peculiar y agradable que se adapta tanto a preparaciones dulces como saladas, para incorporar tanto a panes, tortas y rosquillas como a hortalizas y legumbres, e incluso se puede usar para enriquecer salsas.

TAHINI

La crema de sésamo o tahini es probablemente una evolución de alguna fase de elaboración del aceite de sésamo.

Para extraer todo su sabor necesita ser tostada. Y esto vale para todas las preparaciones que lleven sésamo, ya que todas ellas quedan más sabrosas si las semillas se tuestan ligeramente y después se añaden a placer sobre el plato.

INGREDIENTES

- 250 g de semillas de sésamo
- 100 g de aceite de oliva virgen extra
- Sal

ELABORACIÓN

- En primer lugar tostar las semillas, calentándolas unos minutos en una sartén a fuego medio, y sin parar de mover, ayudándonos para ello de un instrumento de madera. Dejar enfriar fuera de la sartén unos minutos.
- Poner las semillas con la mitad del aceite de oliva y triturar en un robot. Según vaya moliéndose, añadir más aceite en hilo, hasta obtener la densidad deseada. Añadir la sal al final.
- Dejar reposar y envasar en tarros de cristal. Necesita conservación en frío, en un lugar oscuro.

PRESENTACIÓN

- El tahini se comporta de varias formas en la mesa. Por una parte, se puede usar sencillamente como una salsa para añadir sobre platos como un pastel frío de carne o pescado. Además, se puede utilizar como un delicioso paté. En la actualidad se añade a los garbanzos para hacer humus, e incluso si se prepara el humus con otra legumbre le irá muy bien igualmente.

Mandrágoras

Misteriosas, legendarias y letales, las mandrágoras están rodeadas de leyenda. Hasta la palabra es rítmica, armoniosa, parece que revela algo oculto y singular, lo que la enlaza con sus propias características, ya que la mandrágora es una raíz con poderes alucinógenos que se usaba por sus efectos analgésicos, sedantes y hasta narcóticos. Pertenece a la gran familia de las solanáceas, lo que explica la presencia de alcaloides. Contiene pequeñas cantidades de atropina, que es la que le otorga sus propiedades calmantes en dosis terapéuticas; pero en dosis mayores actúa como un excitante.

Además de estas propiedades, en la Antigüedad se creía que tenía efectos afrodisíacos y, por tanto, de fecundidad, de ahí su valor en los libros sagrados. La referencia a la mandrágora en la bellísima escena de amor entre la mujer sulamita y el amado, probablemente el rey Salomón, hace su aparición en el éxtasis del encuentro entre los amantes, cuando la amada dice:

Las mandrágoras exhalaron el aroma... (*Cant.*, 7, 14).

Su vinculación con el mundo femenino es innegable, ya que fue usada como instrumento para potenciar el deseo y la fecundidad. Y estas parecen unas herramientas muy útiles en un mundo en el que la presencia de hijos tenía un significado social.

Es exactamente el sentido que se le da en el libro del Génesis, cuando observamos cómo Rubén, el hijo de Jacob llevó unas mandrágoras a Lía, su madre. Al verlas, Raquel, la otra esposa de Jacob, le pide las mandrágoras a Lía. Su valor debía ser elevado cuando a cambio Raquel le permitió dormir con Jacob (*Gn.*, 30, 14-16).

La cuestión es que todos en esta escena parecen estar acostumbrados a su uso y dosificación, a pesar de que la mandrágora sea una planta muy tóxica e incluso pueda llegar a ser mortal. De ella se consumen las hojas, el fruto y la raíz. Pero no sabemos cómo la cocinaban, quizás sobre las cenizas, o mezclada alguna de sus partes en una preparación culinaria, o incluso como infusión. En cualquier caso, con mucha fe en sus resultados e infinito cuidado.

Azafrán

El pistilo de la rosa del azafrán es un condimento muy aromático y extraordinario colorante. También se usaba como perfume ambiental y para teñir las telas. Sabemos que se utilizaba al menos dos mil años antes de nuestra era y que fue muy conocido en Egipto. Salomón lo cita en *El cantar de los cantares* junto a las más preciadas especias aromáticas: canela, nardo, mirra o áloe (*Cant.*, 4, 14).

GUISO DE TRIGO Y AZAFRÁN

El azafrán era uno de los condimentos más valorados, digno de ser cantado en *El cantar de los cantares* como uno de los mejores aromas. Y aunque en el primer caso se utilizó para perfumar el ambiente, en este guiso se muestra cómo se utilizaba en la alimentación cotidiana.

INGREDIENTES

- 300 g de trigo
- 50 g de cebada
- 50 g de almendras
- 1 cs de azafrán en hebra
- 1 cebolla
- 1 cta cominos
- 1 cta cilantro molido
- Pizca de canela
- 4 cs de aceite de oliva virgen extra
- 1 cta sal

ELABORACIÓN

- Dejar en remojo la noche anterior el trigo y la cebada. Por la mañana, desechar el agua y reservar los cereales.
- Poner el azafrán en un par de cucharadas de agua tibia y dejarlo reposar tapado 1 h.
- Cortar la cebolla muy menuda. Saltear en el aceite de oliva. Cuando esté totalmente transparente, añadir el comino, la canela y el cilantro.
- Añadir las almendras troceadas, pero no picadas, y dar una vuelta.
- Incorporar el trigo y la cebada, y cubrir de agua la olla. Sazonar el contenido y añadir el agua en que se había diluido el azafrán. Cocer a fuego suave hasta que el agua se haya evaporado y los granos estén bien cocidos.

PRESENTACIÓN

- Servir caliente, decorado con unas hebras de azafrán y aceitunas negras. Acompañar con un ramillete de cilantro fresco y unas tortitas de pan salpicado con semillas de sésamo.

Guisos, ragús y estofados

Son un tipo de preparaciones características de Oriente Medio y el Mediterráneo que incorporan una base grasa con verduras a la que se añaden otras verduras, hortalizas, carnes o pescados, y combinaciones en distinto porcentaje y variedad de todos ellos. Pertenecen a una familia de platos de confección sencilla, domésticos, en los que es posible utilizar ingredientes de segunda categoría y concederles el protagonismo de principales, ese es justamente su valor. El aprovechamiento y capacidad de proporcionar buen sustento con mucho sabor y poco gasto. Y estas normas fueron tan útiles en el mundo antiguo como lo son en la actualidad.

Sin embargo, hay diferencias, tanto en el tipo de cocción como en los ingredientes y sus proporciones. En un mundo en el que lo que consumía la mayor parte de la población debía encontrarse en el entorno inmediato, y muchas veces debía ser cultivado o criado por ellos mismos, los platos se elaboraban con esos productos cercanos, guisados de forma simple.

Así, estos guisos y estofados se preparaban con carnes locales sobre todo ovino y caprino, sencillamente porque eran pueblos pastores. Y de la misma forma, parece lógico pensar que la abundancia de leche, más en las épocas de gran producción, no solamente se aprovechara para elaborar quesos, sino para incluirla en la alimentación de forma consuetudinaria. Es decir, que prepararan platos entre cuyos ingredientes se encontrara la leche. Esta idea viene a confirmarla una de las obras literarias más interesantes de la antigüedad, la historia de Sinuhé el Egipcio, donde se cuenta cómo, cuando su protagonista estuvo viviendo con pueblos semitas, todos los guisos llevaban leche en su composición. El motivo parece sencillo: disponían de abundante leche, que es un alimento nutritivo y adaptable.

Y desde luego, las ofrendas a YWHW incorporaban el sacrificio de carne. Después de ofrecerla se comía, como Oseas cuenta explícitamente, así que en los templos se elaboraban guisos y estofados y se cocía la carne (*Os.*, 8, 13).

TERNERA GUISADA DE ABRAHAM

Un plato mítico y sorprendente, no por su contenido, sino por la combinación de ingredientes. Resulta extraordinario observar cómo aparecen mezclados en el mismo plato carne y leche, una combinación tabú para la tradición ortodoxa judía. Desde luego, esta mezcla hoy no se admite; sin embargo, Abraham ofreció un plato bastante similar a sus visitantes, como lo recogen las Sagradas Escrituras. Si la tradición hubiera sido anterior a esa época, el patriarca no habría servido alimentos prohibidos a visitantes divinos, es lógico. Así que la respuesta más razonable a esta aparente contradicción es que, con toda probabilidad, la ley que regulaba la combinación de carne y leche en una misma preparación aún no estuviera vigente.

INGREDIENTES

- 500 g de ternera para guisar cortada en dados
- 2 cebollas
- 4 dientes de ajo
- 1 hoja de laurel
- 1 cs de miel
- 1 cta pasas
- 2 cs de alcaparras
- 200 g de cuajada
- 1 cta de almáciga
- 1 ramita de canela
- 200 ml de leche fresca
- 60 g de aceite de oliva
- Sal

ELABORACIÓN

- Machacar en un mortero los ajos con la sal. Poner en un recipiente hondo la cebolla y los ajos, con la mitad del aceite de oliva, y sofreír. Añadir la carne, verter el resto del aceite y mover continuamente para que se impregne bien y todo quede bien salteado.
- Incorporar la leche a la preparación. Si la leche no cubriera la carne, hay que añadir suficiente hasta que lo haga. Entonces se condimenta el guiso, incorporando la almáciga, la canela, el laurel y las pasas. Llevar a hervor, bajar el fuego y deja hervir tapado a fuego suave hasta que la carne esté tierna.
- En esta última fase, si ha quedado demasiada salsa se reducirá con cuidado de no quemarla. Añadir la miel y rectificar de sal.

PRESENTACIÓN

- Este guiso de carne se presenta con la salsa reducida sobre ella, en una fuente honda. En medio ponemos la cuajada y salpicamos con las alcaparras. Se acompaña con tortitas de pan con sésamo.

SALSA EN LA QUE MOJÓ RUT

La salsa de la hermosa historia de Rut era una tosca preparación para segadores. Por lo tanto, estaba elaborada de forma muy sencilla; además era reconfortante o al menos capaz de reponer e hidratar tras el duro trabajo. En realidad, más parece una variedad de la *posca* romana o una preparación semilíquida y muy tonificante que una salsa propiamente dicha.

La *posca*[5] era una bebida hidratante muy consumida en el mundo romano, y que se podía adquirir fácilmente, ya que la preparaban vendedores de *posca* o bien se podía elaborar de forma doméstica. También la llevaban consigo los legionarios para refrescarse durante las campañas. Para ello se mezclaban agua, vinagre y sal en diferente proporción, y se añadían algunas hierbas como ajo, quizás menta, tomillo o romero, cualquier hierba de este tipo que pudiera proporcionar algo de sabor. La cuestión es que era una preparación corriente en el Mediterráneo, y que tenía todo el sentido de una receta adaptada a la tierra, a un medio ecológico y climático. Por tanto, la *posca* en sus innumerables variedades se repitió en toda esta zona. En ambos casos, en el mundo romano y en la historia de Rut, se mojaba pan. En realidad, sin pan solamente es un refresco, de ahí que la salsa/bebida necesitara algún componente más potente para convertirse en un refrigerio más nutritivo.

5 Villegas, A. *Culinary Aspects of Ancient Rome. Ars Cibaria*, 2001, pp. 196; 223. Sobre el gazpacho y sus antecedentes, ver Villegas, A. *El libro del salmorejo. Historia de un viaje milenario*, 2010, pp. 89 ss.

INGREDIENTES

- 1 l de agua
- 100 ml de vinagre de buen vino
- 1 diente de ajo
- 1 cs de menta
- 1 cs de flores de romero
- 1 cs de aceite de oliva virgen extra
- 1 cs rasa de sal

ELABORACIÓN

- Machacar en un mortero el ajo con las aromáticas y la sal. Incorporar despacio el aceite de oliva hasta obtener un preparado más cremoso, homogéneo y bien diluido. Añadir dos cucharadas de vinagre, hasta que se convierta en una mezcla uniforme.
- Mezclar el agua con el resto de vinagre e incorporar el contenido del mortero. Mezclar bien y dejar reposar una hora, tras lo cual se puede consumir.

PRESENTACIÓN

- Se puede beber directamente en vaso, y resulta muy refrescante. Pero también se puede poner en un cuenco, añadiendo dados de diferentes verduras crudas y trozos de pan *matzá*. En realidad, y como es visible en este último formato, la *posca* es el antecedente directo del gazpacho.

SALSA DE GEDEÓN

Gedeón fue un juez, también militar, que venció a uno de los pueblos enemigos de Israel, los madianitas. Tuvo varios encuentros con un ángel, el primero de los cuales se produjo mientras el entonces futuro guerrero desgranaba trigo, es decir, en plena actividad cotidiana.

Para cumplir lo que el ángel le había solicitado, tras su encuentro, Gedeón fue a preparar un cabrito y unos panes ázimos. Colocó en un canasto la carne guisada, el pan y salsa en una cazuela, llevándolo todo al lugar indicado por el ángel. Allí, sobre una piedra hizo la ofrenda señalada, derramando la salsa sobre la carne y el pan ázimo.

En cualquier caso, para elaborar un plato de carne y una salsa, fue imprescindible contar con el ingrediente principal, que era la carne de cabrito guisada.

INGREDIENTES

- 1 kg de carne de cabrito lechal cortado en dados
- 2 cebollas
- 1 cabeza de ajos
- 1 ramita de poleo
- 1 cs de semilla de mostaza
- 20 g de miel
- 3 cs de vinagre de vino
- 60 ml de aceite de oliva virgen extra
- Sal

ELABORACIÓN

- Mezclar la miel con la carne y dejar reposar. Triturar el ajo con el poleo y la sal y añadir a la carne. Después, igualmente en un mortero, triturar la semilla de mostaza con un poco de sal y se añade el vinagre. Incorporarlo todo a la carne. Dejar reposar otra media hora al menos.
- Sofreír la cebolla en el aceite de oliva hasta que esté bien hecha. Ahora se incorporará la carne con el resto de los ingredientes. Cubrir con agua y dejar a fuego muy suave hasta que esté muy tierna. Si aún queremos dar un toque más dulce, se pueden añadir pasas un poco antes de terminar la cocción. Se deja reposar.

PRESENTACIÓN

- Al estilo de Gedeón, esta carne merece el acompañamiento de una buena ración de pan ázimo para mojar la rica salsa. El guiso se puede combinar con unas habas frescas hervidas y sencillamente salteadas, con lo que tendremos un plato completo.

GUISO DE RABO DE OVEJA, DE SAÚL

Aunque al lector del s. XXI le parezca extraño el aprovechamiento de esta parte de la oveja, no es infrecuente en el entorno ganadero. Tanto en la actualidad como en la Antigüedad, se quitaban los rabos a las ovejas jóvenes para evitar infecciones y facilitar la monta, en lo que se conoce como desrabote. Esos rabos, bien preparados y guisados son y fueron un bocado muy apreciado.

La cuestión es cómo aparecen en la historia bíblica, lo que sucedió en tiempos de Samuel y Saul. En el entorno de un banquete, cuando Samuel dio la orden a los cocineros, se presentó ante Saul una fuente de comida que contenía una pierna y un rabo guisados (*1Sam.*, 9, 13). Un auténtico homenaje y símbolo de su futuro, sin duda.

En cuanto a las mejores formas de preparación de esta singular pieza, los rabos de cordera se pueden asar y estofar, son unas carnes muy ricas en gelatinas y tienen mucho sabor.

INGREDIENTES

- 12 rabos de cordera
- 2 cebollas
- 4 clavos de olor
- 1 ramita de canela
- 4 dientes de ajo
- 4 pistilos de azafrán
- 20 g de pasas
- 1 ramito de perejil
- 250 ml de vino tinto, denso y con cuerpo
- 60 ml de aceite de oliva virgen extra
- Sal
- Para acompañar: 200 g de lentejas guisadas con cebolla y ajo.

ELABORACIÓN

- Se cortan y después machacan en el mortero la cebolla y el ajo, añadiendo la sal. Se pone todo ello en una olla profunda con el aceite de oliva hasta que quede bien hecho. Se añade el perejil bien picado, y enseguida los rabos de cordera limpios.
- Se da una vuelta y añade el azafrán, la canela entera y los clavos. Se cubre con el vino, se lleva a hervor y después se tapa y se deja a fuego muy suave durante dos horas.
- Dejar reposar otra hora al menos, algo que a todos los guisos les viene muy bien porque mejora los sabores.

PRESENTACIÓN

- Los rabos se presentan acompañados de su salsa y de un cucharón de lentejas guisadas, pero más bien secas, para aprovechar la salsa de los rabos y que la preparación final tenga un sabor uniforme. Este contundente plato se acompaña con panes flexibles y suaves, recién horneados.

ESTOFADO DE EZEQUIEL

El estofado es una de las técnicas de cocinado más sencillas, universales y primitivas. Tras el asado, que era una técnica anterior y más elemental, el estofado o cocción representa un estadio vinculado con la producción cerámica, con un entorno más estable y con la creación de recipientes específicos para diferentes usos. Podemos decir que si se estofaba, la cocina ya existía como tal.

El profeta Ezequiel presenta una *Alegoría de la olla puesta al fuego*, en la que ofrece instrucciones para guisar un estofado:

> *Prepara una olla, prepárala y pon agua en ella. Añádele unos trozos de carne, la mejor parte, pierna y espalda; llénala con los mejores huesos. Toma lo mejor del ganado. Dispón bajo la olla un cerco de leña para que hierva con fuerza y cuece también en ella los huesos… Añade leños, enciende fuego, cuece la carne hasta que se consuma. Espolvorea especias y se quemarán los huesos* (*Ez.*, 24, 3-10).

INGREDIENTES

- 1 pierna de cordero
- 500 g de lomo de cordero
- 1 kg de huesos de vaca
- 150 ml de aceite de oliva virgen extra
- 1 cta. canela
- 1 cta. clavo
- 1 cta. comino
- 1 cta. sal

ELABORACIÓN

- Poner en una olla amplia las carnes limpias y los huesos. Cubrir con agua hasta arriba, y que esta supere el nivel de la carne.
- Añadir la sal y dejar hervir a fuego medio hasta que las carnes se desprendan del hueso. Retirar los huesos.
- Continuar el hervor suavemente hasta que la carne se deshaga. Entonces añadir las especias, incorporar el aceite, dejar a fuego suave diez minutos y finalmente probar el guiso para sazonar si lo necesita.

PRESENTACIÓN

- Este guiso que resulta jugoso y, si se han respetado los tiempos, queda muy tierno, se puede acompañar de verduras hervidas, como zanahorias o col cortada en tiras. Todo ello se riega con la salsa espesa que quedará tras la cocción y la gelatinización del líquido. Se debe servir muy caliente y guarnecer con dátiles.
- Este plato tiene una interesante variación, es que tras retirar los huesos se puede cocer la carne añadiendo unas lentejas previamente hidratadas una noche entera. Se incorpora entonces el aceite de oliva y la condimentación, y se sirve como plato de cuchara.

POTAJE MEDITERRÁNEO, *PULS* LATINO

En el Libro de Reyes se cuenta cómo, durante una época de hambruna, el profeta Eliseo ordenó utilizar una gran olla en la que cocer un potaje para sus discípulos. El término con que describe la fuente al guiso es *puls*, una especie de gachas de cereal, para cuya elaboración se mezclaba la harina con agua. Posteriormente, se guisaba a fuego suave y sin parar de remover hasta su total cocción .

En ocasiones, a esta base de harina y agua se le añadía cualquier verdura, carne o pescado que se tuviera a mano, lo que hacía un plato muy completo. La primera parte saciaba; el añadido de la segunda proporcionaba variedad y sabor. El caso es que uno de esos seguidores del profeta salió al campo a ver si encontraba algo para enriquecer las gachas y recogió frutos de una «especie de vid silvestre», que añadió a la olla. Nadie quiso comerlo, porque les pareció venenoso. Pero Eliseo añadió harina a la olla y todos consumieron el contenido (*2Rey.*, 4, 38-41). Y no será el único guiso de este tipo que encontremos, ya que incluso tenemos un *pulmentum* milagroso, como el que le llegó a Daniel en Babilonia. Era un plato portentoso que había preparado el profeta Habacuc en Judá. En realidad, su base era trigo, como corresponde a una comida de segadores: pan y *puls* (*Dn.*, 14, 28).

En cualquier caso, este era el plato antecedente de muchas elaboraciones mediterráneas, desde las gachas hasta las mazamorras, en una preparación quitahambres, nutritiva y saciante, típica de la alimentación popular.

INGREDIENTES

- 400 g de trigo tipo espelta
- 500 ml de leche
- 100 g de cuajada
- 2 cs de semilla de cilantro
- 100 g de miel
- 1 cs de sal

ELABORACIÓN

- Dejar una noche entera el trigo remojado en agua. Por la mañana tirar el agua y reservar el trigo.
- Tostar la semilla de cilantro y triturar en un mortero con la sal.
- Romper el trigo en el mortero, sin llegar a hacerlo harina. Colocar en una olla y cubrir con la leche. Poner a fuego suave y añadir el cilantro y la miel.
- Dejar cocer quince minutos y al final, cuando haya espesado totalmente, añadir la cuajada.

PRESENTACIÓN

- Servir caliente, como plato principal. Como todas las elaboraciones a base de cereal, su sabor es muy adaptable, y se puede incorporar, o usar como guarnición tanto de carne como de pescado, incluso un resto de legumbres guisadas, y se compondrá así un plato completo.

UNA VARIACIÓN DEL *PULS*

Los inicios de la civilización se han nutrido de infinitas variedades de platos cuya base principal era el cereal. Es lógico que haya sido así, ya que su cultivo está adaptado a grandes extensiones en el entorno mediterráneo, se labora con facilidad y se mantiene durante mucho tiempo después de la recolección en excelentes condiciones.

Además, es uno de los productos más polivalentes. De él se obtenía la refrescante cerveza, y también innumerables elaboraciones a base de su harina o el cereal triturado. Desde las simples tortitas de pan al pan leudado. Entre estos platos de pan, probablemente la familia más antigua eran las preparaciones del tipo de las gachas o *puls*.

Elaborados con sencillez, se podían hacer en cualquier sitio y admitían desde la variante más simple, con la mezcla de cereal y agua, hasta otras enriquecidas con carnes o pescados, hortalizas o frutos secos y aromáticas. Esta es una variedad sencilla, probablemente realizada en el entorno hebreo y enriquecida con el aporte del huevo, que le proporciona una textura diferente.

INGREDIENTES

- 500 g de harina
- 800 g de cuajada
- 250 g de miel
- 1 cs de matalahúva
- 1 cs de semilla de hinojo
- 1 huevo
- Sal

ELABORACIÓN

- Tostar el hinojo y la matalahúva y triturar suavemente en el mortero.
- Dorar a fuego suave la harina, usando una olla de fondo grueso. Cuando se haya tostado homogéneamente añadir agua poco a poco hasta que quede bien desleída la mezcla y tan espesa como nos guste (por eso no indicamos la cantidad necesaria). Batir el huevo y agregar, mezclado con la cuajada, la miel y una pizca de sal.
- Incorporar las semillas trituradas y mover sin descanso hasta que la elaboración esté bien cuajada y a nuestro gusto.

PRESENTACIÓN

- El plato se puede decorar con un golpe de canela en polvo, y acompañar de cuscurros de pan frito, hechos en un buen aceite de oliva virgen extra.

ADAFINA

Un tradicional guiso de legumbres mediterráneo que presenta connotaciones de fiesta, de descanso y aroma inconfundible a *shabat*. La tradición, la ley oral y la *Mishná* marcan la costumbre de tomar este día una comida caliente (*Shabat*, 2, 7). La organización de la comida del *shabat* la detalla minuciosamente el capítulo del mismo nombre de la *Mishná*.

INGREDIENTES

- 500 gr de garbanzos puestos a remojo una noche
- 1 kg de carne de morcillo (ternera)
- 1 pechuga de pollo o un trozo de cordero
- 2 huesos con tuétano
- 6 huevos
- 1 cebolla
- 2 nabos
- 3 zanahorias
- 2 dientes de ajo
- 1 trozo de repollo
- 2 cs de caramelo hecho en casa
- 1 cta. de café de canela
- 8 hebras de azafrán
- 4 clavos
- Sal

ELABORACIÓN

- Poner los ingredientes en la olla en este orden: huesos, carnes, garbanzos, huevos. Cubrir de agua, sazonar y llevar a hervor.
- Entonces espumar hasta dejar la superficie limpia. Bajar el fuego hasta que hierva suavemente. Dejar hervir 1 hora. Añadir los condimentos y el caramelo. Continuar el hervor a fuego suave hasta que los garbanzos estén tiernos. Probar los garbanzos, y cuando estén casi listos, añadir la verdura.
- Si hace falta, volver a añadir agua caliente, nunca fría. Tapar y dejar hervir hasta que la adafina esté tierna.

PRESENTACIÓN

- Se sirve al día siguiente, como sopa, con todo picado o al estilo español de «tres vuelcos». Los huevos se sacan, se pelan y se usan para decorar el plato.

LENTEJAS DE JACOB

La historia de estas lentejas tiene un profundo interés. Desde el principio parece encerrar un contenido mucho más complejo del que aparenta, en primera instancia porque parece extraño que Isaac solo tuviera una única bendición para dar. Por tanto, el sentido de esta bendición que finalmente llegó a Jacob es evidente: hace una interesante referencia a la abundancia de comida y riqueza, y coloca al hermano bendecido en una posición de liderazgo. Por tanto, la bendición era un equivalente a posicionar al hijo bendecido, de ahí su importancia. Representa el liderazgo y la herencia.

Además, se presenta a Esaú como un hombre que desprecia su propia herencia, su derecho de primogenitura, como si ésta careciera de valor. Según la teoría de H. C. Brichto[6], en el Israel antiguo existía un culto a los antepasados mediante el cual era obligación del primogénito servir como sacerdote de ese culto y sustentar a los antepasados a través de las comidas rituales. Los primogénitos tenían sobre el resto de los hermanos, la ventaja de percibir doble herencia. Si esto era así, la posición de Esaú entendida por alguien del entorno y de la época, era aún de mayor maldad, porque con ese gesto de desprecio a la primogenitura no solamente menospreciaba sus derechos, sino sus obligaciones humanas y sacerdotales. Más aún, es posible que ese guiso, que era de lentejas rojas y que simulaba con el color una ofrenda de sangre que se presentaba ante los ancestros y que finalmente comió Esaú, no estaba en realidad destinado sólo a él, sino a sus antepasados. Y que Esaú quebrara por tanto una ley más del

6 Brichto, H. C. (1973) «*Kin, Cult, Land and Afterlife. A Biblical Complex*», HUCA 44, pp. 1-54.

Pentateuco al comer sangre, al faltar el respeto a los padres y a los antepasados y, aún más, por gula al preferir la comida antes que su posición en la familia. Es una cuestión mucho más sutil y compleja que el ansia por comer lentejas: era el desprecio al sacerdocio, a las leyes y a lo que representaba de respeto a los mayores en una sociedad en la que esto tenía un extraordinario valor no solo legal, sino consuetudinario.

INGREDIENTES

- 200 g de lentejas rojas
- Agua para cubrirlas, al menos el doble
- 2 cs de mantequilla
- 2 cs de requesón
- Dos dientes de ajo
- Una cebolla
- Cominos
- Sal

ELABORACIÓN

- Enjuagar las lentejas y dejarlas reposar cubiertas de agua durante dos horas, deben hidratarse, pero no romperse. Al terminar el proceso de hidratación se desecha el agua.
- Poner en una olla la mantequilla y añadir los dos dientes de ajo machacados y la cebolla troceada. Cuando estén blandas, añadir los cominos para que se tuesten muy ligeramente y un poco después las lentejas. Mover suavemente para que se mezcle todo. Cubrir con agua nueva, añadir la sal y tapar.
- Dejar a fuego suave hasta que las lentejas estén tiernas y blandas, pero no pasadas o con la piel rota, signo de que ha pasado su punto. Deben quedar bastante espesas, no como una sopa. Las colocaremos en una fuente o en un plato y ponemos en el centro una cucharada de requesón o de cuajada.
- Acompañar con panecillos libaneses, pan de pita o alguno similar con el que se puedan recoger las lentejas a modo de cuchara.

Carnes

En el mundo antiguo, el producto más valorado entre todos los alimentos era la carne. Criar a un animal, que más allá de la caza, era la fuente más habitual de la carne cotidiana, representaba un esfuerzo importante; por lo tanto, había que consumirla de manera dosificada. Además, algunos animales eran útiles también por su fuerza para el tiro (vacuno) o por aportar otros productos igualmente nutritivos o útiles, como la leche y la lana. Por tanto, prorrogar su consumo y espaciarlo en el tiempo era una cuestión de economía doméstica.

Por estos motivos, no se consumía a diario en forma de grandes asados, ni en cantidades sustanciales. Más bien era un recurso que tenía cierto carácter festivo, ocasional y que se encontraba vinculado a momentos especiales. Por ejemplo, la carne era el producto principal que se ofrendaba en los sacrificios del templo, o el que se ofrecía a los visitantes cuando llegaban a una casa. También la veremos los días de fiesta, en bodas y celebraciones. Quizás los restos, o la carne en salazón, en pequeñas cantidades, fuera la parte más cotidiana para el aprovechamiento y para ajustar los recursos en un mundo en el que se imponía la precaución con los alimentos, ya que el ciclo anual no siempre ofrecía disponibilidad de recursos.

Una de las fuentes principales de carne era el ganado doméstico, y así tenemos corderos, cabras y ganado vacuno. La otra fuente era la carne de caza: piezas mayores, como el ciervo, el corzo o la gacela, y también piezas menores como los pajaritos, las palomas y otras aves. Nunca conejos ni liebres, camellos o animales como el león o el cocodrilo, ya que sabemos que con su consumo rompía las complejas prescripciones del Levítico. Y aunque practicaban la cría del camello, este animal no lo utilizaban para alimentarse, sino para el transporte, como sucedía con los caballos. Tampoco se consumían piezas del gran grupo de los animales salvajes, como el león, el chacal o el leopardo, por ejemplo. Aunque sabemos que eran capaces de capturarlos mediante redes y fosos, como el león mencionado en el capítulo diez de Ezequiel.

Recordamos que las carnes permitidas eran las de buey, carnero, cabra, ciervo, gacela, gamo, cabra montesa, antílope, búfalo y gamuza, siempre perfectamente sacrificados y desangrados antes de consumirlos.

PAJARITOS

Eran aves sencillas de apresar en cualquier lugar abierto. Las redes se lanzaban y con su ayuda se capturaba todo tipo de pequeños pajarillos, que servían para hacer un importante plato fuerte. Bien asados y acompañados de pan, y quizás de unos higos o de alguna granada ya se disponía de una comida completa. La caza mayor y la captura de animales pequeños era habitual en un mundo en el que era fácil disponer de ambas. Y para cazar pajaritos no era necesario ser especialmente hábil, ni disponer de un buen arco o de excelente puntería. El uso de una red, sencillamente, era el recurso con el que se podían conseguir un buen número de ellos para elaborar una suculenta comida. Al contrario que sus vecinos asirios y egipcios, que se cobraban algunos pájaros con ayuda de perros de caza, los israelitas no lo hacían, quizás porque, al ser el perro un animal impuro para el consumo tampoco encajaba en el esquema de caza de otro animal. Y lo mismo sucedía con la práctica de la cetrería.

La presencia de las redes es constante en los textos bíblicos, de forma metafórica o estrictamente como instrumento de caza o de pesca. La red del cazador se usaba para cazar pájaros, pero también se utilizaban trampas, cepos y lazos para este fin (*Sl.*, 91, 3; 141, 9-10). Eran redes que se colocaban casi a la vista de los pajarillos, a pesar de lo cual estos caían en ellas, lo que detalla el libro de Proverbios (*Pr.*, 1, 17).

Desde luego, además de este recurso sencillo y asequible también había aves domésticas, bien cebadas, que formaban parte de la alimentación más exquisita, y probablemente no eran de consumo cotidiano, sino propio de élites o en el entorno de la corte (*1Ry.*, 5).

Hace unos años aún se podían consumir en España, pero la ley los prohíbe en la actualidad, debido a que la caza indiscriminada de especies inmaduras perjudicaba al correcto desarrollo de muchas de estas aves. Para elaborar la receta puedes utilizar unas codornices, por ejemplo, que también son de larga tradición bíblica.

INGREDIENTES

- 12 pajaritos
- 4 dientes de ajo
- 1 ramita de tomillo
- Aceite de oliva virgen extra
- Sal

PREPARACIÓN

- Limpiar las aves de todas sus plumas. Cortarlas por la parte trasera, a lo largo, y eviscerarlas, limpiando perfectamente. Introducir en agua fría con sal durante doce horas.
- Machacar en un mortero el ajo con sal y con el tomillo. Extraer las aves del agua, secar bien y ponerlas en un recipiente hondo. Frotar bien por dentro y por fuera con la mezcla anterior. Pintar con el aceite de oliva, cubriéndolas perfectamente. Tapar y dejar macerar dos horas.
- Calentar una plancha y tostar a fuego medio las aves por ambos lados para que se hagan bien, hasta que queden doradas.

PRESENTACIÓN

- Poner en una fuente y acompañar de una ensalada de lentejas perfumadas con cominos. Decorar con un ramito de menta fresca.

CIERVO Y GACELA

Aunque en la actualidad es complicado adquirir carne de ciervo fuera de los canales cinegéticos o de las zonas donde hay caza, disponer de tierras de bosque mediterráneo era la clave en la Antigüedad para tener a mano estas carnes.

Las referencias a la belleza de este animal son constantes: a su rítmico trote, a la armonía de su cuerpo y en especial a sus ojos. Pero, inevitablemente, eran valiosos como alimentos, y así se capturaban con cepos y se remataban con flechas lo que significa que tenían un gran valor para la alimentación (*Prov.*, 22).

A veces, este tipo de animales incluso formaban parte de los jardines de recreo y se criaban semidomesticados. El propio rey Salomón disfrutaba de unos jardines en los que había animales silvestres, casi una especie de zoo o de representación de la naturaleza en su palacio (*1Ry.*, 5).

INGREDIENTES

- 1,5 kg de carne de ciervo
- 2 tortas de pan ázimo
- 6 clavos de olor
- 1 ramita de tomillo fresco
- 1 cta de orégano
- 1 cta de mejorana
- 400 ml de vino dulce
- 12 dátiles
- 1 corteza de naranja
- 2 cs de vinagre de vino de buena calidad
- 1 cs de miel
- 200 ml de aceite de oliva virgen extra
- Sal

PREPARACIÓN

- Se repasa la carne para que no tenga ningún resto, ni pelos del animal. Se introduce en agua fría con sal y se deja reposar toda una noche, para desangrarla perfectamente, cambiando el agua si esta se enturbia.
- Cortar en dados la carne, y frotar con los dedos sobre ella una mezcla preparada con sal, tomillo, orégano, mejorana y clavo, tratando de que penetren bien los sabores.

- Poner el aceite de oliva en una olla amplia y freír a fuego vivo la carne, hasta que se dore exteriormente. Al acabar se baja la temperatura, se añaden los dátiles deshuesados, el vino, el vinagre, la miel y la cáscara de naranja. Tapar y dejar a fuego suave durante cuarenta minutos. Debe reposar cinco minutos tapada.
- Mientras, triturar bien las tortas de pan en el mortero, añadiendo sobre ellas unas gotas de aceite de oliva, y pasamos esta pasta a la olla. Retiramos del guiso la cáscara de naranja. Pondremos de nuevo a fuego medio e incorporamos la pasta de pan, removiendo bien para que espese.
- Poner a hervir suavemente diez minutos y de nuevo se deja reposar. Si han quedado grumos o restos de las hierbas muy visibles, se tamiza la salsa antes de servir. Si hay mucha salsa también se puede reducir para concentrar el sabor y con el fin de proporcionarle mejor consistencia.

PRESENTACIÓN

- Servimos muy caliente acompañado de guisantes y habas guisadas. Y, como siempre, con un buen pan.

PERDIZ

Aunque las perdices son aves que no solamente revolotean como las gallinas, sino que emprenden vuelos largos, también corren con muchísima rapidez. El Libro de Samuel, para expresar a alguien que corría con gran celeridad decía que «corría como se persigue a una perdiz en los montes» (*1Sam.*, 26, 20).

Además, estas aves se podían criar en aviarios y mantener cautivas de forma doméstica, probablemente para ser usadas como reclamo, al igual que en la actualidad (*Sir.*, 11, 30).

INGREDIENTES

- 1 perdiz
- 2 cebollas medianas
- 1 ramito de cilantro fresco
- 1 ramita de menta fresca
- 1 cta semillas de hinojo
- 1 cs de flores de espliego
- 1 ramita de canela
- 2 cs de harina de trigo
- 2 cs de pasas sin pepitas
- 100 ml de agua de rosas
- 50 ml de vinagre de vino
- 150 ml de agua
- 100 ml de aceite de oliva virgen extra
- Sal

ELABORACIÓN

- Limpiar la perdiz cuidadosamente. Extraer los órganos internos. Sumergir la perdiz y los higaditos en agua fría con un poco de sal gruesa durante doce horas, cambiando el agua al menos cuatro veces.
- Poner las pasas en agua para hidratarlas.

- Poner la mitad del aceite de oliva en la sartén y añadir la cebolla muy finamente picada. Cuando esté transparente, incorporar el cilantro, la menta, las flores de espliego y las semillas de hinojo. Mover para que tomen bien el aceite. Añadir la canela y finalmente la perdiz y el higadito. Cubrir con el agua y tapar.
- Dejar a fuego suave durante veinticinco minutos. Sacar el hígado, triturarlo con el vinagre y añadir al guiso. Incorporar igualmente la harina para que la salsa espese. Remover bien para que no queden grumos. Dejar hervir cinco minutos a fuego medio y destapado.
- Añadir el agua de rosas y las pasas, y volver a tapar. Dejar hervir a fuego suave otros doce minutos. Debe reposar en la cazuela media hora, tapada.
- Extraer los ramilletes de cilantro, menta y la canela, extrayendo todo el jugo de ellos. Desechar.

PRESENTACIÓN

- La perdiz se presenta cortada en cuatro partes, con la salsa por encima, acompañada de pan y verduras. No olvidar poner las pasas sobre la carne.

CORZO

El corzo, un animal mucho más pequeño que el ciervo, se capturaba con lazo, además de la caza tradicional con arco y flecha (*Sir.*, 11, 30).

Para la carne de corzo bien pueden servir las recetas de ciervo. Y recíprocamente, también la preparación siguiente puede ser útil para guisar un buen plato de ciervo.

INGREDIENTES

- Un lomo de corzo
- 150 ml de agua
- 150 ml de vino seco
- 1 corteza de limón
- 1 ramita de romero en flor
- 1 ramita de tomillo fresco
- 1 ramita de estragón
- 4 hebras de azafrán
- 3 cs de vinagre de vino
- 6 cs de miel
- 3 manzanas
- 4 cs de aceite de oliva virgen extra
- Sal

ELABORACIÓN

- Como con todas las carnes, repasar bien para quitar cada uno de los pelos del animal, y dejar la pieza en agua fría salada durante doce horas.

- Seguidamente mezclar el vino con la corteza de limón, la mitad del romero, del tomillo y del estragón, y sal. Introducir el lomo en el recipiente con esta preparación y dejar macerar seis horas, dando una vuelta al menos tres veces.
- Descorazonar las manzanas e introducir una cucharada de miel en cada una. Hornear en un recipiente tapado durante treinta minutos. Dejar reposar tapadas.
- Sacar el lomo de la maceración y freír por todas las caras la pieza en el aceite de oliva. Añadir el líquido de la maceración colado. Incorporar el resto de las especias, el vinagre, la miel y la sal. Dejar hervir durante veinte minutos. Probar de sal y rectificar si hiciera falta.
- Mantener diez minutos tapado. Si la salsa está muy espesa será necesario añadir un poco de agua o vino, y si tiene grumos se debe colar.

PRESENTACIÓN

- Filetear el lomo y servir en una fuente con la salsa caliente aparte. Decorar con las manzanas horneadas. Se puede acompañar con trigo cocido y salteado.

HÍGADO

Los dos riñones con la grasa que hay sobre ellos, la que está sobre los lomos y toda la demás que cubre el hígado, que se apartará junto con los riñones. Entonces el sacerdote lo hará arder en el altar... Podrá comerlo todo varón sacerdote. Se comerá en lugar santo (Lev., 7, 3-6).

El hígado y los riñones son dos piezas que tienen muchísimo sabor, pero también tienen mucha más sangre que la carne ordinaria. Por tanto, no se pueden únicamente sumergir en agua para retirar toda la sangre, y siempre requieren asado directo en una parrilla.

Es un plato estupendo para tomar en la barbacoa, ya que es la forma más fácil y cómoda para su elaboración.

INGREDIENTES

- 500 g de hígado de ternera
- Sal en lascas

ELABORACIÓN

- Introducir los filetes en agua fria con sal, dejarlos una noche entera y cambiar el agua dos veces.
- Cortar el hígado de ternera en filetes medianos, que se sazonarán con lascas de sal. Apretar cuidadosamente para que la sal impregne la carne.
- Tostar en la parrilla puesta a fuego vivo y procurar que al hacerse no queden crudos en el interior. Deben quedar tostados en el exterior y bien hechos por dentro.

PRESENTACIÓN

- Se toman calientes, según van saliendo de la parrilla, sobre una torta de pan ázimo y una guarnición de *baba ganoush* o de humus, cuyas recetas podréis encontrar en el apartado sobre sopas y cremas frías.

PIERNA DE CORDERO GUISADA CON HIGOS

El cordero era una de las carnes más populares, que se preparaba de infinidad de formas, debido a lo cotidiano de su consumo y elaboración. Los ejemplares más pequeños quedan muy bien asados, pero los guisos son especialmente agradecidos para esta carne, ya que mediante su acción se consigue que quede tierna y fácil de comer.

INGREDIENTES

- 1,5 kg de pierna de cordero cortada en dados
- 400 g de higos frescos
- 2 dientes de ajo
- 2 ctas de semillas de mostaza
- 2 ctas de comino
- 2 ctas de cilantro molido
- 250 ml de vino tinto
- 100 ml de agua
- 80 ml de aceite de oliva virgen extra
- Sal

ELABORACIÓN

- Enjuagar la pieza de carne una noche manteniéndola en agua fresca que cambiaremos si esta se enturbia. Por la mañana enjuagar y cortar en dados.
- Saltear los dados de cordero a fuego vivo en el aceite de oliva hasta que se doren por fuera. Sacar de la olla y reservar.
- En ese mismo recipiente añadir los ajos triturados, bajar el fuego para evitar que se quemen. Cuando estén bien hechos, incorporar la carne, el vino y el agua. Añadir el resto de las especias bien trituradas juntas en el mortero. Dejar hervir a fuego suave durante una hora y media en la olla tapada.
- Añadir los higos limpios cortados por la mitad, pero con su piel y mantener a fuego suave otra media hora. Probar de sal. Si el guiso se queda corto de agua se puede añadir más cantidad.

PRESENTACIÓN

- Como sucede con todos los guisos, resulta más sabroso si se elabora el día anterior. Se puede servir acompañado de trigo salteado y unas tortas de pan para mojar en la deliciosa salsa.

Pescados

Los hebreos habían tenido una larga experiencia en Egipto con el disfrute de las delicias y variedades de los platos de pescado. Piezas que era tan sencillo capturar en esas aguas, tanto con redes como con anzuelos, y que añoraron durante muchos años. El desierto debió hacer mucho más anhelado ese dulce recuerdo.

Y además el pescado tiene la gran ventaja de que no requiere tantas complicaciones como la carne para seleccionarlo, prepararlo, desangrarlo o combinarlo con otros ingredientes. Con seguir la primera prescripción con respecto a la elección de los pescados puros o impuros será suficiente.

PERCA FRITA Y ENMELADA

La fritura era una técnica bien conocida y puesta en práctica habitualmente, algo que parece natural, en un lugar donde el aceite de oliva era abundante. Y no sólo eso, también era de buenísima calidad; lo común de su presencia debió provocar en época temprana la familiaridad con técnicas que como la fritura, daban excelente salida a este ingrediente.

INGREDIENTES

- 500 g de perca del Nilo
- Harina para rebozar
- 1 huevo batido con 2 cs de agua
- Semillas de sésamo
- Abundante aceite de oliva para freír
- Sal

PREPARACIÓN

- Cortar el pescado en trozos medianos o en lomos, según su tamaño. Secar bien y enharinar.
- Pasar después por el huevo batido e inmediatamente freír en abundante aceite de oliva bien caliente. Dorar por ambos lados.
- Poner en una fuente y rociar con miel. Salpicar con las semillas de sésamo.

PRESENTACIÓN

- Servir recién hecho y acompañar con unos puerros guisados.

PERCA DEL NILO CON ALCAPARRAS

Un pescado blanco con mucho sabor, especialmente si no es de piscifactoría, sino de entorno natural.

El profeta Isaías conocía bien la abundante pesca de las aguas del gran río cuando decía;

Gemirán los pescadores, se lamentarán cuantos echen anzuelo en el Nilo y se afligirán los que echen la red en las aguas (*Isa.*, 19, 8).

INGREDIENTES

- 2 lomos de perca limpios
- Hojas de lechuga
- 4 cebolletas frescas
- 80 g de alcaparras
- 1 cs de semillas de hinojo
- 100 ml de vino blanco
- 100 ml de agua
- 50 ml de aceite de oliva virgen extra
- Sal

ELABORACIÓN

- Pintar el fondo de una besuguera con aceite de oliva. Colocar los lomos de perca limpios e incorporar el vino, el agua y el resto del aceite.
- Añadir las cebolletas cortadas en aros, y las semillas de hinojo rotas en el mortero. Sazonar y llevar a hervor durante veinte minutos, semicubierto. Sacar el pescado y colocarlo en una fuente. Reducir el jugo si ha quedado muy líquido y cubrir con él la pieza.
- Agregar las alcaparras.

PRESENTACIÓN

- Al sacar el pescado, lo colocamos sobre hojas frescas de lechuga, cuyo número dependerá del tamaño de la perca.
- Este plato se debe servir caliente y acompañado de pan de pita.

LA RECETA DE TOBÍAS: PESCADO DEL TIGRIS

El muchacho bajó al Tigris a lavarse los pies y un pez enorme saltó del agua e intentó devorar el pie del muchacho, que empezó a gritar. El ángel le dijo al muchacho: «¡Agárralo y no lo dejes escapar!... Raja el pez, sácale la hiel, el corazón y el hígado, y guárdalos; los intestinos tíralos. La hiel, el corazón y el hígado sirven como medicamento». El muchacho rajó el pez y guardó la hiel, el corazón y el hígado; asó parte del pez, se lo comió, y después de salarlo guardó el resto (*Tb.*, 6, 4-6).

Esta conjunción de comida, recursos naturales, prevención y cuidados médicos es muy propia del mundo antiguo. Era un mundo en el cual cualquier recurso valioso se cuidaba y se atendía a sus posibilidades, cada pequeña cosa, cada acción por minúscula que fuera era estimable si servía para sobrevivir. Aunque hoy el Tigris es un río altamente contaminado, formó parte de la geografía de las primeras civilizaciones, y en él se han contabilizado 55 especies de peces. Los más destacados son *Tenualosa ilisha, Oxynoemacheilus frenatus, Leuciscus vorax, Cobitis avicennae* y *Salmo tigridis*. Esta receta se puedo hacer con cualquiera de ellos, pero quizás la trucha, una de cuyas variedades es el último de ellos, sea la más apropiada.

INGREDIENTES

- Una trucha de buen tamaño limpia y sin piel, partida en dos lomos
- 2 dientes de ajo
- 1 ramita de hinojo
- 4 cs de aceite de oliva virgen extra
- 2 cs de miel
- Sal

ELABORACIÓN

- Triturar los ajos con la sal. Añadir el aceite de oliva y pintar bien los lomos con la mezcla. Dejar reposar diez minutos y dar la vuelta, para que la mezcla impregne bien el pescado.
- Poner en una barbacoa a fuego suave o, si no es posible, en una plancha, con el ramito de hinojo dividido en cada lomo. Mientras se hace añadimos la miel. Cuando esté dorada se puede servir.

PRESENTACIÓN

- Servir caliente sobre unas granadas desgranadas como lecho del pescado. Resulta muy agradable el contraste crujiente de la granada y blando del pescado, con el sabor dulce de la miel de fondo.

CECINA DE PESCADO

De la misma forma que Tobit asó una parte del pescado, siguió la indicación del ángel para conservar el resto y lo sometió a un proceso de salazón.

En esta receta veremos cómo hacer una salazón sencilla con un pescado muy, muy fresco. No se debe realizar con pescado congelado o que no esté verdaderamente fresco.

INGREDIENTES

- 1 filete grande de trucha, que pese aproximadamente medio kilo
- 2 cs de miel
- 2 cs de aceite de oliva virgen extra
- 1 ramita de eneldo
- 300 g de sal

ELABORACIÓN

- Mezclar la miel y el aceite con el eneldo. Añadir la sal, moviendo hasta que se deshaga y la mezcla quede homogénea. Cortar el pescado en tiras regulares e introducirlas en la mezcla. Dejar macerar una noche entera.
- Por la mañana sacar de la maceración y colar hasta que pierda todo el jugo posible. Secar las piezas suavemente con papel de cocina.
- Colocar las tiras ordenadamente en un deshidratador o en un horno con función de aire y poner a muy baja temperatura. Si es en el horno, dejar la puerta entreabierta para que salga toda la humedad. Estará así al menos doce horas. En todo este tiempo se puede subir la temperatura hasta cuatro veces hasta 70 °C durante media hora, eso acelerará el proceso de deshidratación. En cualquier caso, como el horno y el propio pescado son en cada caso diferentes, merece la pena controlar la operación para evitar que se reseque en exceso.
- Cuando haya terminado la fase de deshidratación, las piezas deben quedar correosas y firmes, pero se podrán masticar. Colocar sobre una rejilla para que se seque, preferentemente al sol.

PRESENTACIÓN

- Estas tiras de pescado quedan fabulosas sobre una ensalada. Incluso sobre un plato preparado con trigo cocido y berros, bien condimentados con cominos, aceite de oliva y sésamo, consiguiendo de esta forma un plato completo.
- También sirven como aperitivo o snack altamente nutritivo.

Huevos

Los huevos no eran un alimento corriente en esta época ni en esta zona sencillamente porque la gallina tardó en llegar hasta Egipto y aún más hasta el entorno mediterráneo. La gallina es nativa de la India y alcanzó Egipto vía Mesopotamia, en época del gran faraón Tutmosis III, que reinó entre 1479 a 1425 a. C., y según la alta cronología 1504 a. C. al 1450 a. C.

Los primeros indicios que hay en Europa de gallinas son de una representación en vasos laconios[7], del s. VI a.C. Estos animales eran fáciles de domesticar porque no tienen vuelo muy alto ni prolongado, y son de pequeño tamaño. Además, son fáciles de cuidar, y proporcionan huevos, carne y plumas. Así que las gallinas fueron un animal extraño durante mucho tiempo, aunque aprendieron a cuidarlas y poco a poco se fueron normalizando hasta el punto de que en Egipto y posteriormente en Roma, hubo crianza artificial de gallinas.

Aunque los de gallina no eran los únicos huevos que se consumían, ya que se observa la presencia de huevos de aves silvestres, como por ejemplo señala el Deuteronomio:

Si al caminar encuentras casualmente un nido de pájaros en el árbol o en el suelo, y a la madre incubando

7 Laconia es una región del sur del Peloponeso, cuya ciudad más destacada fue Esparta.

sobre los polluelos o los huevos, no capturarás a la madre que está sobre las crías. Dejarás la madre y podrás quedarte con las crías (*Dt.*, *22*, *6*).

En cualquier caso, conocían a la perfección este producto, ya fuera de origen silvestre o doméstico. Incluso el libro de Job habla de los huevos, refiriéndose al insípido sabor de la clara (*Job.*, 6). Y hasta se conocía la forma de puesta de aves no locales como era el avestruz, que pone los huevos en el suelo en lugar de en un nido (*Job.*, 39). Isaías también hace referencia a la presencia de huevos abandonados (*Isa.*, 10).

En cuanto a las posibles complicaciones de la selección de huevos impuestas por las normas de consumo, también los huevos presentaron algunos cuidados preventivos. Por ejemplo, la gota de sangre que a veces se encuentra en el huevo impide que forme parte de la alimentación, a no ser que sea algo tan insignificante que se pueda retirar fácilmente. En cualquier caso, los huevos se deben observan atentamente al abrir la pieza.

Hoy, los huevos duros o su versión judía, los huevos haminados son una antiquísima tradición que forma parte de las mesas judías en todos los continentes. A veces se toman solos, rellenos o como parte de una

masa, donde se colocan duros y completos, como símbolo constante en la vida social judía. Los huevos haminados son propios de las comunidades sefardíes y se suelen tomar en *shabat*.

Son un interesante reflejo del pensamiento humano, y no solamente en la cultura judía, también en otras culturas, los huevos son metáfora del germen de la vida. Y aunque esta tradición no es estrictamente judía sí está perfectamente asimilada. La cuestión es que su consumo se vincula con la Pascua en la tradición mediterránea y cristiana, pero no necesariamente en *Pesaj*, aunque siempre hay un huevo duro en el plato ceremonial de Pesaj, la *keará*.

Sin embargo, sí tienen presencia en las comidas de duelo tras un funeral, en representación de ese círculo de la vida al que hacíamos mención anteriormente, o incluso en referencia al ciclo de la naturaleza (germen/vida).

Habitualmente se consumían cocinados en una sartén o en un recipiente sobre las brasas, en cualquiera de sus fases, más líquido hasta totalmente cuajado. Y por supuesto, hervidos.

HUEVOS HAMINADOS

Aunque esta es una receta más moderna y no corresponde al ciclo antiguo del mundo hebreo, son tan representativos en la actualidad de la vida judía que parece inevitable incluirla.

INGREDIENTES

- 12 huevos
- La cáscara exterior de una cebolla

ELABORACIÓN

- Se necesitará una olla de cocción lenta.
- Llevar los huevos a cocción y dejarlos a fuego medio durante quince minutos. Después tapar la olla y hervir a fuego muy suave durante doce horas junto con la cáscara de la cebolla.
- Sacar, pelar y servir en una fuente, enteros y salpicados con sal.
- Se suelen servir en el desayuno de *Pesaj*.

PRESENTACIÓN

- Colocar en una fuente, en la que se añaden algunos condimentos para que cada uno los aliñe a su gusto: sal, semillas de sésamo tostado, semillas de alcaravea o de hinojo. También están muy buenos acompañados de aceite condimentado con cominos o cúrcuma.

HUEVOS ANISADOS

En sus lamentaciones, Job se quejaba de la falta de sabor de la clara del huevo a la que no se añadía sal.

Desde luego quedaba sosa, sin duda para él, especialmente en comparación con el resto de la condimentación de las comidas israelitas, que se atisba extraordinaria. Ya que la disposición de productos era relativamente limitada, se suplía con una buena condimentación y con mucha imaginación y paciencia.

¿Se come sin sal lo insípido? ¿Hay algún sabor en la clara del huevo? (Job., 6, 6).

INGREDIENTES

- Seis huevos
- 1 cebolleta fresca
- 1 cta de semillas de hinojo
- Ramillete de cilantro fresco
- 2 cs de miel
- Aceite de oliva virgen extra para freír
- Sal

ELABORACIÓN

- Cocer los huevos hasta que estén duros. Enfriar, quitar la cáscara y partir por la mitad a lo largo.
- Cortar la cebolleta en aros finos. Saltear en una sartén con un hilo de aceite de oliva hasta que quede suavemente tostada, pero sin quemarse. Reservar.
- Poner en la misma sartén más aceite y freír los huevos partidos por la mitad, con la yema hacia abajo, con cuidado para no romperla. Cuando estén dorados, sacar, escurrir bien y poner sobre una fuente con la yema hacia arriba.
- Triturar en un mortero las semillas de hinojo con sal. Espolvorear sobre los huevos, añadir la cebolla tostada y finalmente, decorar con abundante cilantro.

PRESENTACIÓN

- Estos huevos se pueden tomar como entrante o aperitivo, pero también forman parte de un menú completo si añadimos de principal un buen plato de adafina y acompañamos por unos panecillos.

HUEVOS DE CODORNIZ

No se encuentran recetas específicas con estos huevos, pero sí sabemos que se aprovechaba el encuentro con un nido para consumir los huevos, aunque los textos dicen que se respete a la madre (ver el texto de Deuteronomio unas páginas atrás). Desde luego, estas indicaciones parecen sencillamente cuidados ecológicos para mantener las especies vivas, una instrucción vital desde la normativa religiosa que afectaba a toda la naturaleza.

Pero resulta obvio que, si se cogían los huevos era para comerlos, así que existieron formas de preparación de este producto.

Por una parte sabemos que conocían bien las codornices porque durante su estancia en Egipto convivieron con la existencia de aviarios, que criaban estas aves entre otras especies. Y con toda probabilidad, también los huevos de este animal, ya que sabían cómo empollarlos artificialmente y cuando dejárselos a la madre.

INGREDIENTES

- 12 huevos de codorniz
- 300 g de lentejas
- 1 cebolla
- 2 dientes de ajo
- 1 hoja de laurel
- 1 cta de canela
- 1 cta de cominos
- 1 cta de cúrcuma
- 6 cs de aceite de oliva virgen extra
- 1 ramillete de cilantro fresco
- Sal

ELABORACIÓN

- Dejar en remojo las lentejas dos horas. Enjuagar y poner a hervir a fuego suave, añadiendo al guiso el laurel, sal, la mitad del aceite de oliva y los dos dientes de ajo. Tapar hasta que queden blandas. Añadir las especias mezclándolas suavemente y dejar tapadas veinte minutos.
- Cocer los huevos de codorniz y quitar la cáscara. Partir por la mitad. Picar el cilantro fresco y mezclar con un poco de sal y aceite de oliva. Dejar los huevos en maceración en la mezcla anterior.
- Freír la cebolla en la otra mitad del aceite de oliva hasta que quede bien tostada, pero sin quemarse. Retirar la hoja de laurel y los ajos de las lentejas. Ponerlas en una fuente, añadir la cebolla por encima y sobre ella los huevos con su aliño.

PRESENTACIÓN

- Servir en una sopera amplia. Es un plato muy completo que se debe presentar caliente y con guarnición de panecillos de sésamo.

Frituras

Una de las más deliciosas y cotidianas preparaciones de la cocina mediterránea, en la que se enmarca la israelita. La abundancia del aceite de oliva explica lo diario de esta técnica y la calidad de su elaboración, ya que es evidente que aprendieron a freír bien friendo mucho. La fritura se puede considerar entre las recetas saludables sencillamente si está bien practicada y se utiliza aceite de oliva virgen extra.

La historia de Tamar y Amnón, uno de los hijos del rey David, enfermo de amor por ella, amor que termina en una infame violación, tiene un episodio más dulce que la tragedia de Tamar. Este sucede cuando Tamar prepara unos pasteles con harina, que amasa y después fríe en una sartén. Parecen ser unas frituras de pequeño tamaño, algo parecido a unos buñuelos o tortitas (2*Sam.*, 13, 6-8).

El aceite de oliva tiene en la cultura israelita un sentido de luz, de vitalidad, de fiesta y de esperanza, como sucede en la celebración de Januka o Fiestas de las Luminarias. Significa riqueza para el agricultor, supervivencia y gozo para quien lo pueda disfrutar durante todo el año, en una cultura en la que la población estaba sometida a la temporalidad.

El olivo tiene incluso un significado que vinculan con la historia del pueblo judío, ya que consideran que ellos, como el olivo, entregan lo mejor de sí, el aceite, solo cuando se exprime la aceituna. Pues así los judíos dan lo mejor de sí en tiempos difíciles, lo que desde luego representa una hermosa reflexión.

La segunda vinculación entre el olivo y el pueblo de Israel es que sus hojas son perennes, símbolo de que los israelitas sobreviven siempre. Y la tercera alegoría que los vincula es que la aceituna es amarga en el árbol, pero dulce tras ser tratada, que significa que, aunque la vida sea amarga, tras la llegada del esperado Mesías será dulce. La *Midrash* recoge este pensamiento del místico Bal Shem Tov que nos deja reflexionando sobre la profundidad de estas afirmaciones, que pueden englobar a cualquier ser humano que espere un mundo más allá del físico.

Porque no todo es producto, materialidad o goce de los sentidos. El simbolismo del aceite de oliva también representa la luz para el alma, significado hermético, oculto, cabalístico, y el apunte de la esperanza cuan-

do se celebra Januka, en los días más cortos y oscuros, que es justamente cuando la luz del aceite de oliva, brillando alegremente en las lamparillas o en la *menorá*, adquiere su más profundo sentido. Ese es justamente el tiempo de los milagros. La tradición hebrea y también la cristiana hacen referencia a la luz de Dios en la noche oscura de la vida, del alma.

Como sucedía con el pan, los significados del aceite de oliva se superponen, se cruzan, afectan a todos los aspectos de la vida. Y como símbolo de todos ellos, la comida de Januka tiene un especial encendido de las luces de la *menorá*, que representa esa luz divina en el mundo. Y en la cocina el uso de aceite puro, es decir, de aceite de oliva virgen extra sin usar en todos los platos.

Para el servicio religioso del encendido de las luces del Gran Templo se usaba un aceite de oliva de primera prensa, que provenía de aceitunas recogidas de la parte más alta de los olivos, las cuales habían crecido en suelos vírgenes y sin fertilizar[8].

8 Si desea saber más sobre la producción y recolección del aceite de oliva en la Biblia, puede consultar las siguientes referencias: *Ex.*, 27, 20; *Nm.*, 28, 6; *Jl.*, 2, 24.

VERDURAS FRITAS PARA JANUKÁ

Aunque la berenjena y el calabacín no se mencionan explícitamente en la Biblia, sabemos que a finales del segundo milenio ya se cultivaban en Egipto. Posteriormente se difundieron por todo el Mediterráneo.

INGREDIENTES

- 1 berenjena grande
- 1 calabacín grande
- Harina en cantidad suficiente para enharinar
- Miel
- Sal
- Aceite de oliva virgen extra para freír
- Salsa: 2 yogures griegos, 1 cta de cominos molidos, 1 cta de cúrcuma, el zumo de un limón, orégano y sal

ELABORACIÓN

- Quitar el peciolo de ambas hortalizas y cortarlas en rodajas de medio centímetro. Dejar reposar sobre papel absorbente media hora y retirar el exceso de humedad.
- Preparar la salsa mezclando a conciencia todos los ingredientes y rectificar a voluntad.
- Sazonar ligeramente la verdura y enharinar bien. Se va friendo por tandas en el aceite muy caliente, cuando se doren se sacan y dejan reposar sobre papel absorbente para eliminar el exceso de grasa.

PRESENTACIÓN

- Servir en una fuente amplia y regar con un hilo de miel. En el centro de la fuente se coloca la salsa en un recipiente, para mojar.

BUÑUELOS DE PESCADO

Una receta delicada que se debe hacer con pescados blancos. Se pueden mezclar dos variedades para obtener un sabor más complejo. Estos pastelillos se toman recién hechos, pero admiten dejarlos en reposo para consumir horas después.

INGREDIENTES

- 400 g de pescado blanco (pueden ser restos)
- 3 dientes de ajo
- 1 cebolla fresca
- 2 cs de perejil fresco bien picado
- 2 cs de aceite de oliva virgen extra
- Aceite de oliva virgen extra para freír
- 100 g de miga de pan blanco
- 2 huevos
- 400 ml de leche entera
- Sal

PREPARACIÓN

- Mojar la miga de pan en la leche, hasta deshacerla por completo. Batir las yemas y mezclar.
- Picar la cebolla muy pequeña y saltear con 1 cs de aceite de oliva. Triturar los ajos con un poco de sal y añadir. Debe sofreírse a fuego lento, y al final, añadir el pescado y el perejil bien picado. No es necesario excederse en la mezcla, solo debe quedar todo bien incorporado. Entonces se añaden los huevos y la leche, y fabricamos con toda la masa unos pequeños buñuelos.
- Batir las claras a punto de nieve con un poco de sal e incorporar a la mezcla. Si queda demasiado líquida se puede añadir un poco de harina para darles forma fácilmente. Rebozar los buñuelos en harina sin excederse.
- Freír en abundante aceite de oliva muy caliente y sacar de la sartén cuando estén bien dorados.

PRESENTACIÓN

- Acompañar con una pasta de legumbres en cualquiera de sus variantes y de una buena ensalada de granadas, endivias, uvas pasas, hojas de cilantro y perejil.

BUÑUELOS PARA POSTRE

La buena fritura es la clave de esta receta. Necesita un aceite de oliva virgen extra, e introducir la masa de los buñuelos cuando el aceite esté bien caliente. Deben quedar ligeros y esponjosos, y se pueden añadir a la masa diferentes condimentos, frutos escarchados o secos.

INGREDIENTES

- 200 g de harina
- 80 g de miel
- 2 huevos
- 40 g de mantequilla
- 60 ml de vino blanco
- 8 dátiles frescos
- 1 cta de levadura
- Sal

ELABORACIÓN

- Batir los huevos. Añadir la miel, la sal y mezclar bien. Incorporar la mantequilla en pomada y mezclar. Ahora, y no antes, debemos añadir el vino.
- Incorporar la harina mezclada con la levadura, poco a poco, para que no queden grumos. Trocear finamente los dátiles e incorporar a la masa.
- Formar unas bolitas con una cuchara y freír en abundante aceite de oliva virgen extra a temperatura muy alta, pero sin que se quemen.

PRESENTACIÓN

- Servir aún calientes en una fuente, acompañando de granos de granada, dátiles sin hueso y uvas pasas. Regar con miel de abeja o de dátil y servir.

Salsas

En una cocina tan sencilla no es fácil que hubiera muchas salsas preparadas, pero seguro que se elaboraban durante la elaboración de un plato. Y surgían salsas a la hora de estofar una carne o unas legumbres, por ejemplo. La cuestión es que es más fácil disponer de más recursos en las sociedades sedentarias que en las nómadas, por lo que tener salsas elaboradas para usar en la cocina no debía ser sencillo durante los desplazamientos. Que parecen sugerir sencillez, al contrario que durante las épocas sedentarias.

SALSA DE COMINOS PARA ACOMPAÑAR EL PESCADO EGIPCIO

Aquel pescado que tanto añoraban durante su travesía por el desierto bien pudo estar acompañado por esta salsa o una similar, bien especiada, jugosa y suave. La cocina egipcia tuvo una gran influencia, principalmente en lo relacionado con los productos, que se consumieron, debiéndose producir una interesante fusión entre ambos sistemas alimentarios.

INGREDIENTES

- 1 l de caldo de pescado
- 1 cebolla mediana bien picada
- 1 cta de comino
- 1 cta de semilla de cilantro molida
- 1 cta de cilantro picado
- Un poco de romero fresco
- 2 cs de aceite de oliva virgen extra
- 1 cs de harina
- 1 cs de vinagre de vino
- 1 cs de miel

ELABORACIÓN

- Sofreír la cebolla en aceite de oliva. Cuando esté bien tostada añadir el comino, el cilantro en hoja y en semilla, y el romero. Añadir la cucharada de harina hasta que quede perfectamente mezclada y tostada. Dar una vuelta y añadir el caldo y el vinagre.
- Dejar hervir suavemente hasta que quede reducido a la mitad. Añadir la miel al final de la cocción. Si hace falta, incorporar sal, pero quizás no sea necesario.

PRESENTACIÓN

- Esta salsa se utiliza con un pescado frito o a la plancha, salpicando por encima la pieza y dejando en una salsera el resto, bien caliente, para que cada uno se sirva a su gusto.

SALSA CREMOSA DE ALMENDRAS

Aunque sabemos bien que la tradición señala que no se deben mezclar leche y carne en la misma comida o en el mismo plato, hay una ocasión, que es durante el encuentro con los visitantes sagrados y Abraham, en la que sí se mezclaron estos ingredientes.

No es que propongamos con esta combinación la ruptura de una ley, pero recordamos que esta salsa u otra parecida bien pudo acompañar a aquella carne. Aunque, desde luego, se puede utilizar para acompañar un plato de hortalizas como berenjenas, puerros o calabacines, a las que incorporará jugosidad y frescor.

INGREDIENTES

- 200 g de almendras frescas sin piel
- 250 g de yogur griego natural
- 1 cta de comino
- 1 cta de semilla de cilantro molida
- 2 dientes de ajo
- 3 cs de miel
- 1 cs de pasas sin pepitas
- Sal

ELABORACIÓN

- Tostar las almendras en una sartén caliente a fuego medio a vivo. Dejar enfriar.
- Triturar las almendras con el comino, el cilantro, el ajo, la sal y la miel hasta formar una pasta. Añadir el yogur griego.

PRESENTACIÓN

- Esta salsa se puede añadir a una preparación previa, aunque es preferible incorporarla al final de la cocción. En lugar de yogur se puede usar crema de queso, si queremos un resultado más denso. Al final, añadir las pasas hidratadas para decorar.

Bebidas

La bebida más apreciada, por imprescindible, era el agua, desde luego. Agua fresca con resonancias de vida y de supervivencia. En los textos sagrados observamos la presencia de aguas de cisterna, de pozo, de cántaro, de río... El agua es un elemento omnipresente en la historia del pueblo de Israel.

Después tenemos el vino en sus diferentes variedades, e incluso algunos licores más fuertes, quizás por la concentración; y hasta se bebe mosto, más ligero y sin apenas contenido alcohólico. También se bebía vino aguado, una costumbre muy habitual en el mundo antiguo.

Igualmente, se tomaba como bebida refrescante una mezcla de agua con unas gotas de vinagre. Incluso probablemente aguamiel e hidromiel, la primera es una bebida compuesta de miel diluida en agua, y la segunda presenta una distinta proporción de ingredientes,y está fermentada, presentando, por tanto, cierto contenido alcohólico.

Incluso presenciamos, en un aspecto muy diferente a la alimentación estricta, cómo beber la sangre de las víctimas tenía un sentido de profunda maldad.

Por otro lado hay bebidas como el licor de granadas que formaban parte de una familia más amplia de licores de frutas, como las más dulces, que son las que fermentan con mayor facilidad por su contenido en azúcares.

Frutas como higos, dátiles o uvas pasas proporcionaron vinos tan apreciados como el de las granadas.

> *Yo te escanciaría vino de aroma, licor de mis granadas* (Cant., 8, 6).

LICOR DE GRANADAS

La granada es una fruta mediterránea sabrosa y apreciada, pero también es un símbolo de riqueza, abundancia y fertilidad por todas las semillas que posee. Es uno de los frutos de la Tierra Prometida, que se representaba también en la decoración de los templos y entre los adornos de las vestiduras de los sacerdotes. En el Cantar de los Cantares expresa la fidelidad y la fuerza del amor entre el amado y la amada.

INGREDIENTES

- 600 ml de vino dulce
- 4 granadas grandes
- 4 cs de miel
- 6 clavos de olor

ELABORACIÓN

- Desgranar las granadas, quitarles toda la piel blanca y triturarlas. Colar.
- Calentar 100 ml de vino con la miel, para que se deslía completamente.
- Poner el vino en un recipiente grande, añadir las granadas y la miel con el vino. Incorporar los clavos de olor. Mover y pasar a una botella transparente.
- Dejar al aire libre una semana, de día y de noche.
- Al final de esta fase, colar la preparación, pasar a una botella oscura y dejar reposar en lugar oscuro y seco durante un mes al menos. Tras este tiempo ya se puede beber.

PRESENTACIÓN

- Es una bebida de color granada intenso que merece una bonita copa de cristal para exponerla. Se puede acompañar con postres dulces.

PEPITADA

Una bebida hidratante, energética y apropiada para los climas cálidos por los que caminaba la alimentación hebrea. Es una receta sefardí, aunque de momento desconocemos su antigüedad.

En la actualidad se suele tomar para romper el ayuno del Yom Kippur, pero también como refresco para las calurosas tardes del estío mediterráneo.

INGREDIENTES

- Las pepitas de un melón entero (una taza, aproximadamente)
- 4 cs rasas de azúcar moreno o de miel de dátiles.
- 2 cs de agua de rosas
- 1 l de agua

ELABORACIÓN:

- Limpiar y enjuagar las pepitas de melón. Cubrir la bandeja de horno de papel sulfurizado y extenderlas bien. Hornearlas a 170 o 180 °C hasta que se doren.
- Dar la vuelta a las pepitas o mover para que el tostado sea homogéneo. Dejar que se enfríen y triturarlas con un robot, pero sin exceder ni convertirlas en pulpa, incorporando el agua.
- Transferir la preparación a un recipiente, pasándolo por un paño limpio de algodón, que recogerá los trozos de pepitas. Atar el paño y escurrir bien hasta que salga todo el líquido sobre la preparación.
- De vez en cuando mover la mezcla y apretar para que salga todo el jugo y el sabor de las pepitas. Después de una noche en reposo se escurren bien las pepitas y se retira el hatillo. Se endulza, se añade el agua de rosas y se mezcla todo bien. Se deja enfriar y se sirve.

AGUA DE CEBADA

Una deliciosa bebida que aún se puede tomar en el Levante español. Es de preparación antiquísima y nutritiva, con un cierto sabor a torrefacto, regaliz o tostado, verdaderamente placentera.

INGREDIENTES

- 300 g de cebada
- 1 cta de miel
- 2,4 l de agua
- Pizca de sal

ELABORACIÓN

- Enjuagar la cebada y poner en una olla con el agua y la sal durante doce horas, a fuego mínimo y tapada. Si se evapora mucha agua, hay que reponer.
- Cuanto más largo sea el tiempo de cocción, más sabrosa será la preparación.
- Colar la preparación y poner en una jarra. Aún caliente, endulzar con la miel.

PRESENTACIÓN

- El agua de cebada se sirve fría o al menos fresca, en un vaso con hielo triturado o cubitos.

Golosinas y postres

Son bocados deliciosos, reconstituyentes, fortificantes, nutritivos... Los dulces forman parte de la cultura israelita y representan ese extra de placer tan necesario en la alimentación, que en este caso deriva hacia la gastronomía.

Desde luego, conocían perfectamente cómo el sabor dulce proporcionaba energía, «brillaban los ojos» ¡se iluminaban! cuando algún dulce, en este caso la miel, se ingería. Como le ocurrió a Jonatán, el hijo del rey Saúl, quien percibió que su estado de ánimo y sus fuerzas se incrementaron instantáneamente al consumir una pequeña cantidad de miel (*1Sam.*, 14, 27).

La base de toda la repostería eran los cereales, principalmente el trigo. El segundo ingrediente en importancia era desde luego la miel, que se convirtió en el endulzante más importante. Y aunque pueda parecer lo contrario, no era la única fuente de sabor dulce, ya que también utilizaban para este fin sirope o vino de dátiles, así como vinos reducidos y masas de frutas deshidratadas, productos todos ellos igualmente ricos en azúcares.

Por otro lado, la frontera entre lo dulce y lo salado es muy permeable: ¿consideramos dulces los panes con pasas, o mejor debemos reconocer que son panes con toques dulces? Para aclarar qué es una cosa y qué es otra se presentan en este apartado todas las recetas que contienen ingredientes dulces que podrían cambiar el sabor de la elaboración, aunque el principal fuera salado.

Así, los panes de pasas, tortas de higos y recetas similares los pueden encontrar no en la sección del pan, sino en la de los dulces, con la idea de mantener cierto orden en el recetario. Es posible que este tipo de ordenación tenga más que ver con el estilo del siglo XXI que con la realidad en el mundo bíblico, en el que muy probablemente no existía esa diferencia tan acusada, colo-

cándose sobre la mesa platos salados y dulces para que cada uno se organizara su propio menú cómodamente.

Disponemos de multitud de referencias a panes y tortas de higos, pasas y frutas, elaboraciones endulzadas con miel y bien condimentadas, como el pan de higos secos (*1Sam.*, 2, 18; *1Sam.*, 30, 12), la masa de higos (*2Ry.*, 20, 7) o las tortas de higos y pasas (*1Cron.*, 12, 41). Y se observa que se apreciaban mucho y que formaban parte de las comidas más estimadas, incluso en las de carácter festivo y ocasional.

MELÓN CON VINO

Una fruta muy apreciada, especialmente en un clima caluroso. Refresca, se digiere bien y admite combinaciones con otros alimentos. El melón formaba parte de la memoria y de los buenos recuerdos del tiempo en Egipto… aquellos melones egipcios que tanto añoraban los hebreos y que son tan refrescantes durante los días de verano.

INGREDIENTES

- 1 melón
- 1 copa de vino dulce
- 1 ramito de hojas de menta

ELABORACIÓN

- Cortar el melón en finas tajadas, dejando incluso la cáscara. Cubrir con el vino dulce y las hojas de menta picadas.
- Tapar bien y dejar reposar en un lugar fresco durante dos horas.

PRESENTACIÓN

- Decorar con unas hojas de menta nuevas y servir.

MELÓN RELLENO

Una receta muy fácil de hacer, que apenas requiere un poco de habilidad para partir el melón y combinar bien los ingredientes. El mejor vino para esta preparación es uno del tipo de los generosos, quizás un buen oloroso, que tenga fuerza y sabor.

INGREDIENTES

- 1 melón
- 4 higos
- 400 ml de vino dulce
- 1 cta de canela molida
- 2 cs de miel
- 1 pizca de sal

ELABORACIÓN

- Limpiar bien la corteza del melón y cortar una pequeña base para que no se mueva posteriormente. Seccionar una tapa en la parte superior y retirar las pepitas y las hebras.
- Mezclar el vino con la canela y añadir la miel tibia, para que se diluya bien. Agitar cuidadosamente hasta que todo esté bien mezclado. Introducir en el melón y dejar en lugar fresco una noche entera. Habrá absorbido gran parte del licor.

PRESENTACIÓN

- Si tras la noche de reposo ha sobrado licor en el interior del melón, se extrae y reserva. Abrir el melón como habitualmente.
- Calentar el licor sobrante hasta reducirlo como jarabe y dejar enfriar. Servir las rodajas de melón con unas gotas del jarabe anterior y unas hojas de menta.

CUAJADA CON MIEL

Es una de las combinaciones más constantes en la historia bíblica: la leche y miel bajo cualquier formato, y mezcladas con otros ingredientes. Una de las variantes más sencillas es esta la receta que hoy se continúa haciendo, al combinar sencillamente la cuajada con miel o en formato de miel con requesón.

La elaboración es tan fácil que no requiere indicaciones complejas. En primer lugar, se coloca en recipientes individuales una base como de dos tercios del recipiente de cuajada o requesón, y se añade miel hasta completar.

Se puede enriquecer con pasas, almendras o pistachos, e incluso añadiendo fruta deshidratada. También es posible incorporar unas semillas de hinojo o de sésamo. trituradas Es un postre muy sabroso o un fabuloso tentempié.

TORTAS DE HIGOS

Una de las preparaciones más comunes, que observamos presente en incontables ocasiones. Representan una fórmula de conservar la gran producción de higos en su temporada, otoño, ya que esta fruta no se puede conservar fresca mucho tiempo. Deshidratarla y mantenerla seca en forma de un dulce que se transportaba bien, que era calórico y que tenía un exquisito sabor, era una opción extraordinaria. Aun se pueden encontrar estas tortas de higos en todo el Mediterráneo, en pequeños comercios artesanales y donde hay producción de repostería navideña.

INGREDIENTES

- 500 gr de higos deshidratados
- 80 gr de almendras tostadas
- 2 cs de miel
- 2 cs de vino oloroso
- 1 cta de matalahúva
- ½ cta de canela en polvo
- ½ cta de clavo molido
- Unas almendras enteras, tostadas, para decorar.

ELABORACIÓN

- Revisar bien los higos para que estén frescos y en buen estado. Colocar todos los ingredientes en un robot de cocina y triturar. Sacar cuidadosamente e introducir en un molde cubierto con papel encerado. La mezcla debe tener unos 3 cm de grosor.
- Decorar con las almendras enteras, cubrir con un paño de algodón limpio y dejar en el molde hasta que quede bien hecho. Necesita reposar y deshidratarse ligeramente, a la vez que se convierte en una pieza firme que podrá cortarse con un cuchillo.

PRESENTACIÓN

- Por sí misma, esta torta es una golosina de buen aspecto. Se puede servir completa sobre hojas de parra, y cortarla en triángulos desde el centro, acompañada de una bebida refrescante.

PAN DE PASAS

En tiempos del rey David, el monarca hizo llevar el Arca de la Alianza desde Baalá de Judá, donde la tenían los filisteos, que la habían capturado, hasta Jerusalén.

Aquel fue uno de los momentos más felices descritos en los textos sagrados. Y no sólo feliz simbólicamente: lo fue para el rey y para el pueblo, y así, entre trompetas y cánticos, el Arca entraba en la ciudad de David. Ese día fue de festejos y alegría, se ofrecieron sacrificios de

animales, como en una gran fiesta, y se repartieron entre los asistentes una torta de pan, un trozo de carne y un pan de pasas.

Este tipo de repartos eran habituales en las grandes fiestas del mundo antiguo. Aunque todos los productos se valoraban, tenían una relevancia especial los repartos de repostería, porque eran preparaciones tradicionales, a las que la gente estaba habituada, así que eran muy apreciados y bienvenidos (*2Sam.*, 19).

En el libro de Crónicas se recoge igualmente este episodio, aunque hay una pequeña modificación en el reparto, que incluye en este caso una torta de pan, un

pastel de dátiles y otro de pasas. ¿Serán estas las tortas o pastelillos de pasas que cita *El cantar de los cantares*?

> *Confortadme con pasteles de pasas, con manzanas. Reanimadme, que enferma estoy de amor* (*Cant.*, 2, 5).

En cualquier caso, en Crónicas se nos confirma que cuando reinaba la alegría en Israel se consumían este tipo de manjares, como las tortas de higos y pasas, además de carne y vino (*1Cron.*, 12, 41).

El caso es que incluso disponemos de la referencia a unos interesantes pasteles con la efigie de una diosa pagana, a la que igualmente se hacían libaciones. Eran unas tortas con su imagen, cuyo consumo probablemente representaba la integración más íntima de la divinidad y la humanidad (*Jr.*, 44, 19).

Todas las culturas de esta época tenían una cocina de diario, con ciertas elaboraciones comunes, cotidianas y sencillas no solamente en lo que respecta a los ingredientes, sino también a las técnicas de elaboración. También los productos y las combinaciones de estos tenían un significado de fiesta o de vida cotidiana.

La cuestión es que, por una parte, se puede observar la sencillez de las cocinas de la antigüedad en la vida, por completas y bien preparadas que estuvieran las cocinas. A veces ni siquiera existían cocinas propiamente dichas, sino unos hornillos portátiles fáciles de usar y de transportar, que eran la herramienta principal de la mayoría de las familias. El otro lado de la moneda fueron las cocinas imperiales, de las que se podía disfrutar en los grandes complejos palaciegos y religiosos. Que no solamente producían alimentos en mayor abundancia, una característica por cierto muy apreciada entonces, aunque es difícil de comprender en la actualidad. Estas cocinas destinadas a las élites eran más complejas, estaban mejor preparadas, y para ellas se disponía de profesionales expertos, herramientas y útiles abundantes y buenas materias primas. Con todo ello, como es evidente, las distancias entre un tipo y otro de cocina era muy amplio.

Y además había una cocina festiva, con significado ritual, simbólico y tradicional; es decir, elaboraciones que se preparaban en una fecha determinada, o cuando simplemente había un motivo de celebración como una boda, el nacimiento de un niño o el final de una batalla victoriosa. Es este el caso común de todas las tortas o pastelillos de pasas, higos o dátiles que se consumen en la Biblia. En todas ellas el entorno es festivo, alegre, de celebración. Representan momentos de expansión, de fiesta, de riqueza, de conexión con lo divino.

Incluso tenemos el otro extremo, el pan de duelo —del que habla Ezequiel tras el fallecimiento de su esposa—, que se tomaba durante el luto. Se trata de recetas que forman parte de un grupo de comidas enlutadas que son comunes en el Mediterráneo, y que representan la aflicción de una familia o una sociedad por el fallecimiento de un ser querido. Pero también la alegría por la continuidad de la vida de otros seres. Comer siempre es un acto imprescindible para la vida, no lo olvidemos (*Ez.*, 24, 16).

INGREDIENTES

- 450 gr de harina de repostería
- 4 huevos
- 400 ml de leche
- 80 ml de aceite de oliva virgen extra
- 80 ml de miel
- 150 gr de pasas
- 50 gr de levadura fresca
- 1 cta de sal
- Para el glaseado necesitaremos una yema de huevo más, mezclada con 1 cs de agua.

ELABORACIÓN

- Desleír la levadura en parte de la leche. Poner la harina en volcán e ir añadiendo la mezcla anterior y el resto de la leche, poco a poco. Amasar suavemente. Añadir los huevos, la miel y el aceite de oliva, incorporando suavemente. Añadir la sal al final. Dejar reposar 1 hora.
- Mientras, hidratar las pasas en agua.
- Incorporar las pasas bien escurridas y mezclar bien. Amasar hasta conseguir que la masa quede elástica y fácil de manejar. Dejar reposar quince minutos.

- Aceitar bien un molde, espolvoreándolo después con harina, o bien poner un papel vegetal en el fondo del molde. Introducir la masa y dejar que suba durante 1 hora.
- Precalentar el horno al máximo. Pincelar el bollo con el huevo y el agua. Introducir en el horno y bajar la temperatura a 220 °C. Cuando haya subido y esté dorado paramos el horno y dejamos la puerta entreabierta, para que no se baje.
- Hay que dejar enfriar antes de partir.

PRESENTACIÓN

- Este pastel de pasas se puede preparar también de forma individual, dividiendo la masa y colocándola en moldes más pequeños. Habrá que tener cuidado con el horneado, para que no se queme.

HIGOS EN VINO Y CREMA DE QUESO

La abundancia de higos en el mundo bíblico nos hace comprender que su consumo era muy elevado. Por una parte, en temporada alta, desde finales del verano y todo el otoño, pero también se consumía como fruta deshidratada que se podía tomar como postre o tentempié durante todo el año.

Esta receta es de higos frescos, que tienen infinidad de posibilidades para elaborar platos deliciosos.

INGREDIENTES

- 1 kg de higos frescos y dulces
- 500 ml de vino al gusto, no excesivamente dulce
- 1 cs de canela molida
- 2 cs de miel de azahar
- 200 g de crema de queso, yogur espeso, nata espesa o batida con 2 cs de azúcar moreno
- 1 cs de pistachos picados

ELABORACIÓN

- Lavar y cortar los higos a lo largo en cuatro mitades. Reservar.
- Poner a calentar el vino, la canela y la miel a fuego suave, hasta que se mezclen perfectamente. Introducir cuidadosamente los higos en la cacerola y poner a fuego muy suave durante cuarenta y cinco minutos. Apartar y dejar enfriar.

PRESENTACIÓN

- Poner los higos en una fuente, rociar con el vino y cubrir cada higo con una cucharada sopera de la crema de queso. Rociar con más sirope de vino por encima, añadir los pistachos y servir.

DÁTILES RELLENOS

Una receta propia del mundo oriental, por la abundancia de los dátiles y su calidad. Los mejores dátiles deben ser frescos, carnosos y jugosos. Los famosos dátiles de Medjoul, que saben a caramelo, son ideales para esta receta. Representaban el dulzor, y las bendiciones de la vida, en especial en las fiestas del año nuevo.

INGREDIENTES

- 4 dátiles frescos y grandes por persona
- 1 nuez por cada dos dátiles

ELABORACIÓN

- Abrir los dátiles y retirar el hueso.
- Abrir las nueces y quitar la cáscara dura y las telillas amargas. Rellenar cada dátil con media nuez y cerrar suavemente con los dedos.

PRESENTACIÓN

- Montar los dátiles en una fuente amplia, colocados decorativamente. Si se desea, se pueden espolvorear con coco rallado, o canela, o unos hilos finos de miel de dátil. Seguramente se consumirá más de la proporción sugerida en la receta.

Epílogo

Más que un recetario, este trabajo es una recopilación de recetas, cada una con el sentido de formar parte de una forma de vivir, de pensar y de cocinar.

Convertir unos simples productos en buenos platos es un acto culto. Un acto que requiere planificación, previsión, organización y en el que intervienen conocimientos aplicados de agricultura y ganadería, de conservación, e incluso de física y química (al menos aplicada). Y además es una labor que necesita conocer los gustos de las personas a las que se va a alimentar, porque comer debe ser un episodio agradable.

Cocinar, por tanto, además de ser un acto reflejo de cultura y conocimiento, es una cuestión trascendente, no banal. Y cuando, además, las preparaciones tienen que cumplir unas normas de seguridad, de higiene e incluso normas religiosas, cocinar requiere destrezas y conocimientos singulares. Es el compendio de la cultura y las experiencias de una sociedad, cuya primera obligación es la supervivencia.

Además, cocinar es una cuestión de identidad. Los antiguos israelitas se expresaban, además de a través de otros cauces, mediante la alimentación. Cocinando unos productos de una manera determinada y no de otra. Eligiendo, seleccionando y comiendo unos productos y no otros, combinando unos alimentos y no otros.

Esa es la cultura expresándose a través de la alimentación y dando forma a esta en un bucle interminable y civilizador.

Bibliografía

Abernathy, A.T (2014), *Eating in Isaiah: Approaching the Role of Food and Drink in Isaiah´s Structure and Message*, Leiden.

Álvarez-Pedrosa Núñez, J. A. (2004), «Médico y magia en los textos hititas», *Estudios griegos e indoeuropeos*, pp. 15-33.

Altmann, P. (2011), *Festive Meals in Ancient Israel: Deuteronomy´s Identity Politics in their Ancient Near Eastern Context*, Berlín.

Beer, M. (2010), *Taste or Taboo. Dietary Choices in Antiquity*, Devon.

Bottéro, J. (2005), *La cocina más antigua del mundo*, Barcelona.

Brichto, H. C. (1973), «Kin, Cult, Land and Afterlife. A Biblical Complex», *HUCA* 44, pp. 1-54.

Crane, E. (1983), *The archaeology of beekeeping*, New York.

Darby, W. *et alii* (1977), *Food: The Gift of Osiris*, London.

Dalby, A. (2003), *Food in the Ancient World. From A to Z*, Cornwall.

Douglas, M. (1966), *Purity and Danger: An Analysis of Concepts of Pollution and Taboo*, London.

Font Quer, P. (2001), *Diccionario de Botánica*, Barcelona.

Forbes R. J. (1993), *Studies in Ancient Technology, vol. 1*, Leiden.

— (1993) *Studies in Ancient Technology, vol. 3*, Leiden.

Grivetti, L. E. (2000), «Food Prejudices and Taboos», en Kiple, K. F. y Ornelas, K. C., *The Cambridge World History of Food*, pp. 1595(1510, Cambridge.

Harris, M. (2011), *Vacas, cerdos, guerras y brujas*, Madrid.

Homan, M. M., 'Beer, Barley and שכר in the Hebrew Bible', in Richard E. Friedman and William H.C. Propp (eds.), Le David Maskil: A *Birthday Tribute for David Noel Freedman*. Winona Lake, 2004.

Houston, W. J. (2003), «Alimentos puros e impuros», en Alexander T. D. y Baker, D. W., eds. *Diccionario del Antiguo Testamento, Pentateuco*, Barcelona, pp. 174-198.

Josefo, F. (2017), *Antigüedades judías, T. 1 y 2*, Madrid.

Koh, A.J.; Yasur-Landau, A.; Cline, E. H. (2014), «Characterizing a Middle Bronze Palatial Wine Cellar from Tel Kabri, Israel», *PLoS One* 9(8): e106406.

London, G., (2019), «Ancient Technologies of Everyday Life», en Greer, S. J, *et alii*, (eds.) *Behind the Scenes of the Old Testament*, Michigan, pp. 446-455.

Rosenblum, J. D. (2015), «Jewish Meals in Antiquity», en J. Wilkins y R. Nadeau (eds.), *A Companion to the Food in Ancient World*, Sussex, pp. 348-356.

Shafer-Elliott, C. (2013), *Food in Ancient Judah: Domestic Cooking in the Time of the Bible*, Sheffield.

— (2019) «Food Preparation in Iron Age Israel» en S. J. Greer *et alii*, (eds.) *Behind the Scenes of the Old Testament*, Michigan, pp. 456-463.

Tallet, P. (2002), *Historia de la cocina faraónica*, Barcelona.

Thurmond, D. L. (2006), *A Handbook of Food Processing in Classical Rome*, Brill

Villegas, A. (2021), *Culinary Aspects of Ancient Rome*. Ars Cibaria, Newcastle upon Tyne.

—(2010) *El libro del salmorejo. Historia de un viaje milenario*, Córdoba.

Walsh, C. E. (2000), *The Fruit of the Vine: Viticulture in Ancient Israel*, Winona Lake.

Welton, R. (2017), *Ritual and the Agency of Food in Ancient Israel and Judah*: *Food Futures in Biblical Studies, Biblical interpretation* 25, pp. 609-624.

ה